Susanne Fröhlich · Constanze Kleis

Diese schrecklich schönen Jahre

SUSANNE FRÖHLICH
CONSTANZE KLEIS

Diese schrecklich schönen Jahre

Willkommen im Club!

Willkommen im Club!

Ja, Sie und ich gehören jetzt in denselben Verein. Zwangsweise. Egal, was wir machen, wie wir ticken, wo wir leben, wen wir wählen, wen wir lieben – eines eint uns: Ab 40 sind wir allesamt strammen Fußes auf dem Weg in die Wechseljahre. Kein besonders angesagter Club. Und nicht bloß, weil sie dort tatsächlich noch Abba spielen. Aber wir haben ja sowieso keine Wahl. Längst stehen wir auf der Gästeliste. Hat man nämlich erst einmal ein „gewisses" Alter erreicht, leuchtet ein großes Schild über uns auf: „Hereinspaziert in das Mittel-Alter!" Ein unglaublich sexy Ausdruck.
Ich weiß, wovon ich rede. Ich bin über 50. Das heißt: Eben gerade war ich noch total jung und nun bin ich Zielgruppe für Werbung gegen Blasenschwäche und für Hormonersatztherapie. Und muss mir blöde Bemerkungen anhören, bloß weil man im Restaurant das dringende Bedürfnis verspürt, sich nahezu nackig zu machen. Dabei fühlt sich dieser Lebensabschnitt gar nicht so viel älter an als die Pubertät: schlaflose Nächte, Herzrasen, Fragen wie „Liebt er mich (noch)?" und „Werde ich jemals wieder Sex haben?". Oder „Wie trägt man heute eigentlich sein Schamhaar?". Selbstwertkrisen – „Habe mich heute gewogen, bin schon wieder geschrumpft!" – gehören ebenso dazu wie die Überzeugung, dass uns ganz schön oft niemand versteht. Über allem schwebt das Gerücht, dass wir hormonell mal wieder total durch den Wind sein sollen.
Aber stimmt das auch? Die Wechseljahre sind ja vor allem eine sehr große Schublade, in der immer auch das Gegenteil von dem stimmt, was man an Etiketten und Behauptungen darin gerade so sicher untergebracht zu haben glaubte. Denn, ja, es gibt durchaus eine Menge körperliche Symptome. Und, nein, die hormonellen Veränderungen genügen bei Weitem nicht, um uns und all das, was jetzt in unserem Leben passiert, zu erklären. Dass wir so klug, so souverän und so erfahren sind wie nie zuvor

und gleichzeitig manchmal so unsicher wie eine 14-Jährige vor dem ersten Date. Wir müssen uns mit Chefs auseinandersetzen, die halb so alt sind wie wir, und Ehemännern, die doppelt so begriffsstutzig sind wie bisher. Und wir müssen uns wichtige Fragen stellen: Wie viele schöne Sommer bleiben uns noch? Wie möchte ich den Rest meines Lebens verbringen? Ist es gut, wie es bislang gelaufen ist, oder sollte ich nicht dringend etwas ändern? Im Job? In der Beziehung? In der Familie? An mir?

Die Wechseljahre sind, wie der Name schon sagt, ziemlich wechselhaft. Eine Zeit des Umbruchs, der Abschiede und Neuanfänge, des Verzagens und der Heulattacken, der Schweißausbrüche, aber auch einer Coolness, für die man mit 17 getötet hätte. Nachts muss man auf einmal aufstehen, nicht etwa weil ein Baby schreit, sondern um das durchgeschwitzte Nachthemd zu wechseln, und ohne Lesebrille kann man das Haus keinesfalls mehr verlassen. Leider vergisst man allzu oft, wo man die verdammte Brille hingelegt hat. Dabei hätte man in den vielen schlaflosen Nächten durchaus Zeit, darüber nachzudenken. Die Haut wird so trocken, dass sich schon fast Kakteen ansiedeln wollen, und auch untenrum ist nichts mehr so, wie es mal war. Dafür lagert der Körper mehr Wasser ein als eine Treibhaustomate und es gibt Tage, da möchte man nicht mal aufstehen. Weil man nur noch vom Bett aus mit einer Decke über dem Kopf wenigstens für ein paar Stunden das bisweilen lausige Eventmanagement dieses Lebensabschnitts ausblenden kann: Man verlässt oder wird verlassen, im Umfeld gibt es die ersten Krebsdiagnosen, die Eltern werden zunehmend hilfsbedürftig und die Kinder ziehen aus oder bleiben daheim hocken – ohne, dass man weiß, was man schlimmer finden soll. Hatte man vorher nur eine Ahnung, wie furchtbar hart das Schicksal bisweilen zuschlägt, stellt sich nun die Gewissheit ein, dass es ein ziemliches Arschloch sein kann.

Alles passiert jetzt gleichzeitig: Katastrophales, Langweiliges, Banales, Großartiges. Dass man mit einer Botoxbehandlung liebäugelt und sich über ein paar lächerliche Extrapfunde Gedanken macht. Den Job verliert, grau wird und dafür endlich raushat, „wie man die Bettdecke so drapiert, dass nur das Positive rausguckt“ (Ina Müller).

Wechseljahre für Fortgeschrittene

Alles ist – noch – möglich und gleichzeitig hat man oft große Angst, dass gar nichts mehr geht. Dauernd gibt es Abschiede, aber ebenso auch eine Menge Premieren.

Wie kommt man gut durch diese Zeit? Wie kann man Sackgassen von Überholspuren unterscheiden? Hilft Yoga? Oder soll ich besser doch Hormone nehmen? Warum nicht der Zeit ein Schnippchen schlagen und etwas „machen lassen“? Andererseits könnte man sich doch auch ein kleines Kittelschürzen-Sortiment anschaffen und endlich Abstand von diesem ganzen Optikwahn nehmen? Was tun, wenn der Gatte das Einfamilienhaus beleiht, um eine Harley zu finanzieren? Brauche ich einen neuen Mann oder lässt sich der Alte noch mal überarbeiten? Will ich überhaupt einen Mann? Was will ich eigentlich noch vom Leben? Endlich einen Marathon laufen? Bauchtanzen lernen? Die Welt bereisen, solange es ohne Rollator geht?

Für junge Pubertierende gab es früher kleine Einsteigersets mit dem ersten Tampon. Dieses Buch ist der Wechseljahre-Starterkit für Sie! (Ohne letzten Tampon.) Ich habe meinen und den reichen Erfahrungsschatz meiner Freundinnen geplündert und auch den Briefkasten von Dr. Herbst, der Nachfolgerin von Dr. Sommer. Ich habe Experten befragt, und weil nicht nur der Hautwiderstand, sondern auch das Gedächtnis langsam nachlässt, gibt es noch ein paar Post-its.

Es ist viel drin – in diesen Jahren und deshalb auch in diesem Buch. Eines schon mal vorneweg: Auf keinen Fall werde ich Ihnen hier die Hucke volllügen. Es ist nicht eben ein Riesenspaß, alt oder älter zu werden. Man kann der Sache aber durchaus viel Schönes abgewinnen. Nur weil einem die Eier ausgehen, kann man sprichwörtlich doch noch sehr leckere Pfannkuchen machen. Und beflügelt von einer Extraportion Testosteron, die uns die Wechseljahre aus körpereigener Produktion liefern, kann man noch mal ganz neu durchstarten. Nach dem Motto: „Ich habe einen herrlichen biochemischen Kampfstoff und ich werde ihn auch benutzen!"
Deshalb ganz ehrlich: Auch im Vorgarten der Endlichkeit lassen sich noch ein paar hübsche Pflänzchen setzen. Ja, das Ganze ist manchmal schrecklich, aber es ist auch schön, eine Art von Abenteuerurlaub.
Darf ich mich vorstellen: Ich bin Ihre Reisebegleiterin und mache Sie jetzt mit den Sicherheitsvorkehrungen vertraut.

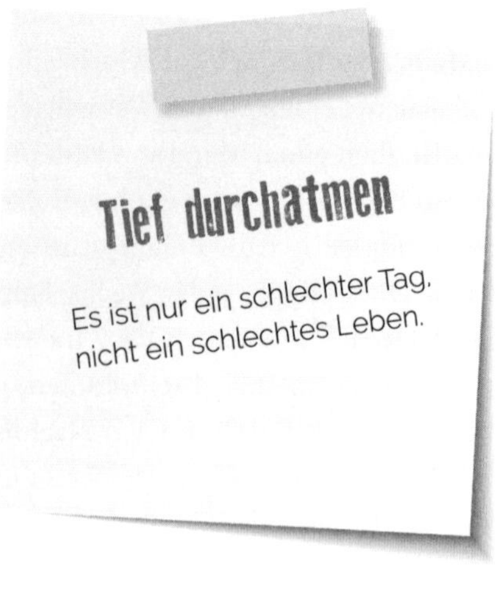

Und übrigens: Vermutlich haben Sie gerade mal eben aufs Cover geschaut. Ja, da stehen zwei Namen. Und nein, es handelt sich nicht um eine weitere menopausal bedingte Verwirrung. Wir sind zwar beste Freundinnen, aber nicht schon so symbiotisch, dass wir uns für ein und dieselbe Person halten. Wir haben uns entschieden, in der Ich-Form zu schreiben. Aus zwei Gründen. Zum einen haben wir große Teile dieses Buches tatsächlich gemeinsam verfasst: ein Tisch, zwei Laptops, viel Spaß und jede Menge Kaffee. Dabei hat jede von uns natürlich auch eigene Erfahrungen und Erlebnisse einfließen lassen. Wir hätten also alle paar Textmeter ein neues Straßenschild mit dem jeweiligen Namen aufstellen müssen. Vieles von dem, was wir schildern, haben wir aber auch gemeinsam erlebt. Kurz: Bevor Sie und wir da komplett den Überblick verlieren, dachten wir, machen wir es doch einfach – einfach „Ich".

1

Heul doch!

Heul doch!

Corinna weint. Unaufhörlich laufen ihr die Tränen über die Wangen. Erst hat es niemand bemerkt. Jetzt stehen zehn bestürzte Frauen um sie herum. „Du kannst das Geschenk doch umtauschen!", sagt Gerlinde. Und Marion: „Ich dachte, Blau gefällt dir?" „Ist was mit Herbert? Also, wenn der eine Affäre hat, dann muss er sich verdammt warm anziehen", versucht es Gaby. „Neiiiin", schluchzt Corinna. „So schlimm ist es doch gar nicht, 48 zu werden", beschwichtigt Regina, die es wissen muss. Sie hat letzte Woche ihren 63. Geburtstag gefeiert. Marion umarmt Corinna, die Untröstliche. Kann ja nicht schaden. Ersticktes Schluchzen aus der weißen Seidenbluse. „Ich weiß", nuschelt Corinna. Ausgerechnet jetzt bringt der Kellner die Torte. Tolles Timing. Eigentlich wollte ich mal wieder nichts Süßes. Aber hier das schreit doch förmlich nach Trost durch Süßigkeiten. „Warum weinst du denn dann?", fragt Rosi. „Ich hah ... habe keine Ahnung!"

Ich sage: „Wechseljahre!" Corinna starrt mich an, als hätte ich mich im Restaurant nackt auf den Tisch gelegt. Dabei sind die Indizien erdrückend: Gerade haben wir eine halbe Stunde über eine Schauspielerin geredet, über die wir praktisch alles wussten – „Ja, diese rothaarige Schauspielerin, diese ältere Schwester von Warren Beatty, du weißt schon, die mit Engeln spricht" –, nur ihren Namen nicht. Zwei, die ohnehin so leicht bekleidet sind, als wäre das hier eine Poolparty und kein Dezemberwochenende, fragen dauernd: „Ist euch auch so heiß?" Am liebsten würde ich ihnen eine Kaltfront schenken. Und Marie erzählt, dass sie die 10 000 Schritte, die man täglich gehen soll, um steinalt zu werden, vermutlich allein bei ihren nächtlichen Gängen zur Toilette verbraucht. Dann die Sache mit den Komplimenten. Vor ein paar Jahren noch sammelten wir sie bei total hingerissenen Männern, die unsere Augen, unsere Figur, unseren Charme in den Himmel hoben. Heute kommen die letzten guten Nachrichten vom unteren Ende des Gynäkologenstuhls. Jedenfalls hat Carola gerade allen Ernstes damit geprotzt, wie ihr Frauenarzt kürzlich ihr Untenherum gelobt habe: „Wie bei einem jungen Mädchen!"

Das hier war nicht nur eine Geburtstagsfeier, es war auch die Live-Performance eines Menopausen-Lehrbuches. Sie waren alle da, die apokalyptischen Reiter der Frau ab Mitte 40: Hitzewallungen, Schlafstörungen, Herzrasen, Kopfschmerzen, Stimmungsschwankungen, Heul-Attacken, unerklärliche und also total unfaire Gewichtszunahme. Ach ja, und Gedächtnisverlust in so beunruhigenden Erscheinungsformen, dass man sich dauernd fragt: Ist das schon Alzheimer oder sind das bloß die Wechseljahre? Eine Freundin erzählt, wie sie letzten Samstag ganz dringend ihre Brille vom Optiker abholen wollte. „Ich habe mich so beeilt, noch vor Ladenschluss aufzukreuzen. Als ich endlich dort war, begrüßte mich die Verkäuferin schon so seltsam irritiert und irgendwie besorgt. Ich sagte: ‚Ich will meine Brille abholen.' Sie schaute mich an, als hätte ich den Verstand verloren. ‚Aber das haben Sie doch vorgestern schon getan.'" „Das ist gar nichts!", trumpft Regina auf. Sie

wollte sich letzte Woche einen neuen Koffer im Internet bestellen. „So eine Größe, die perfekt ist für nur ein paar Tage." Beim Handtücher-Verräumen sah sie es praktisch schon vor sich, ihr Objekt der Begierde. Nein, keine Koffer-Fata-Morgana. Regina hatte ihr Wunschmodell ein paar Wochen zuvor im Kaufhaus erworben und ordentlich im oberen Schrankfach verstaut.

Mir geht es nicht besser. Ich verlege Lesebrillen und Geld und denke seit zwei Wochen darüber nach, weshalb ich mir „FB Test" in meinen Kalender eingetragen habe. Meint FB Finanzbetrieb? Fachbereich? Wollte ich Flugbegleiter ausprobieren? Bin ich Lady Gaga oder mit Gregory Anton verheiratet? In dem Film „Das Haus der Lady Alquist" bringt er seine Frau Paula langsam, aber sicher um den Verstand. Dauernd versteckt er Dinge und behauptet, sie habe sie verloren oder verlegt.

Sind die Wechseljahre vielleicht auch so ein perfides Verrücktmacher-Programm? Auch noch ein hausgemachtes? Schließlich ist es unser eigener Körper, der uns all diese Ausfallerscheinungen beschert. Ich lese, dass der Hippocampus und der präfrontale Cortex, zuständig für das Erlernen und Anwenden neuer Informationen, echte Östrogen-Junkies sind. Wechseljahre sind für sie wie kalter Entzug. Kein Wunder, wenn sie verstört reagieren. Beruhigend, dass sie sich irgendwann wieder einkriegen und man seine Tätigkeit als Familiensuchmaschine erneut aufnehmen kann: „Weitßduwomeinschwarzerpulloverliegt? Hastdumeineautoschlüsselgesehen?"

Der Grindwal und ich

Studien belegen zwar, dass Frauen die Wechseljahre nicht mehr wie noch vor einigen Jahren als Drama empfinden. Trotzdem ist mir noch keine Frau begegnet – mich eingeschlossen –, die meinte: „Ich kann's kaum erwarten!" Und hat man sich erst mal in die einschlägige Literatur eingelesen, die es auf bis zu 30 Symptome bringt, möchte man ohnehin am liebsten in einen Männerkörper auswandern. (Nein, nicht für immer – höchstens so lange, bis die Prostatabeschwerden und Erektionsstörungen beginnen.) Menopause bedeutet ja, dass die Eierstöcke ihr Verfallsdatum erreicht haben und wir damit raus sind aus der Reproduktion. Bei europäischen Frauen ist das im Schnitt im Alter von 51 der Fall. Bis dahin bekommt man vom großen Hormontheater einiges geboten. Lange bevor das letzte Ei gesprungen ist, hören die Eierstöcke bereits auf, regelmäßig ein Ei reifen zu lassen. Der Hormonspiegel gerät aus dem Tritt. Und wie es mit Umbau-Arbeiten so ist: Irgendwas ist immer. In dieser Zeit kann PMS deshalb nicht mehr nur ein oder zwei Tage, sondern ganze Wochen oder gar Monate in Anspruch nehmen. Am liebsten würde man im Bett bleiben: nur ich, eine Box mit Taschentüchern, all das Wasser in meinen Beinen und mein Selbstmitleid. Sinkt nämlich der Östrogenspiegel, produziert der Körper auch weniger Glückshormone. Und nicht mal ein Clown zum Frühstück kann etwas daran ändern, dass man manchmal ganz schön reizbar, niedergeschlagen und weinerlich ist. Grund genug hat man ja.

Denn ein sinkender Östrogenspiegel ist neben vielem anderen auch noch ein lausiger Innendekorateur. Er lässt die Gebärmutter schrumpfen – die Muskulatur des Enddarms, der Blase und all der anderen Organe untenherum sind bald nur noch so elastisch wie ein alter Schlüpfergummi. Der Kollagenanteil im Stützgewebe sinkt, die Bänder werden schwächer, die inneren und äußeren Schamlippen werden faltiger und die Wände der Vagina trockener und dünner. (Ja, das klingt schmerzhaft und ist es auch, weshalb „Keine Lust auf Sex" auch noch mit auf die Liste der Heimsuchungen dieser Zeit gehört.) Dazu kommen außerdem Wassereinlagerungen, Hitzewallungen, Haarausfall,

Herzrasen und die besagte Gedächtnisschwäche – um die Highlights aus dem Wechseljahre-Eventprogramm aufzuzählen.
Gut, etwa die Hälfte der Frauen hat keine oder nur leichte Beschwerden. Trotzdem bleibt die Frage: Wozu soll es gut sein, Frauen so zu quälen? Wieso setzt die Natur nur bei uns, bei Killer- und bei Grindwalen einen solch frühen Fruchtbarkeits-Schlusspunkt? Haben wir in einem vergangenen Leben irgendwas Unanständiges zusammen gemacht, dass der Großsäuger und wir nun gemeinsam in einem Menopausen-Boot sitzen?

Biologischer Unsinn

In einem Spiegel-Online-Beitrag lese ich, was ein Forscherteam von der kanadischen McMaster University in Hamilton herausgefunden haben will: dass es die männliche Vorliebe für jüngere Frauen sei, die uns dieses frühe Ausscheiden aus der Fruchtbarkeit beschert. Demnach hat die Evolution den Fortpflanzungsladen der über 50-jährigen Frauen irgendwann einmal einfach wegen mangelnder Nachfrage geschlossen.
Eine andere Theorie besagt, dass die Frauen früher eben einfach nicht alt genug wurden, um als späte Mütter noch die Aufzucht der Brut gewährleisten zu können. Die Idee der ewigen Fruchtbarkeit sei deshalb als „nicht sinnvoll" zu den Akten gelegt worden. Die Frau jenseits der Gebärfähigkeit sei einfach biologisch nicht vorgesehen gewesen und deshalb ähnlich überflüssig wie eine Tortillapresse.
Andererseits: Jetzt, wo wir steinalt werden – sehr viel älter als Männer sogar –, könnte die Evolution doch einmal darüber nachdenken, diese Entscheidung zu revidieren. Wir werden allerdings nichts mehr davon haben, so langsam, wie da gearbeitet wird. Könnte sogar sein, dass die Männer bis dahin ausgestorben sind, weil sie ja niemals zu den Vorsorgeuntersuchungen

gehen. Falls sie es doch einmal tun, werden ihnen bestimmt nicht sämtliche geschilderten Symptome – von Rückenschmerzen bis Husten, von Zahnfleischbluten bis zum eingewachsenen Nagel – als typisch für die Wechseljahre dargelegt. Und sie dürfen einfach so mal ihre Jacke ablegen, ohne dass sich alle im Raum gleich wissend angucken und ohne dass sie fortan mit einer Leuchtschrift „Wechseljahre" auf der Stirn in den Firmentratsch eingehen.

Pimp your Beckenboden

Bewegung ist nachweislich die beste Waffe gegen Hitzewallungen wie gegen Schlafstörungen. Und man sollte sich dringend um die Beckenbodenmuskulatur kümmern. Überlässt man ihre Spannkraft kampflos dem Zahn der Zeit, können Rückenschmerzen, Inkontinenz und deutliche Lustverluste die Folge sein. Ganz zu schweigen von den beschämenden Folgen heftiger Nies- oder Hustenattacken. Fragen Sie die Krankengymnastin Ihres Vertrauens.

Schluck-Beschwerden

Gegen die körperlichen Symptome könnten wir uns natürlich mit einer sogenannten Hormonersatztherapie wehren. Einfach ausgleichen, was die Natur einem zunehmend verweigert. Ein offenbar heikler Notausgang, seit die amerikanische Women's-Health-Initiative-Studie mit mehr als 16 000 Frauen abgebrochen werden musste, weil – wie auch die ZEIT schrieb – die Fallzahlen für Venenthrombosen, Lungenembolien, Herzinfarkte und Schlaganfälle in die Höhe schnellten. „Besonders alarmierend war der drastische Anstieg bei den Neuerkrankungen an Brustkrebs." Logisch, dass das Interesse an der Hormonersatztherapie ins Bodenlose fiel. Dennoch gibt es einige gute Gründe, über eine zeitweilige und niedrig dosierte Hormongabe nachzudenken. Etwa per Pflaster, Spray oder Gel. Ich kann eine Freundin sehr gut verstehen, die sagte: „Ich war die ganze Zeit traurig. Wegen nichts, außer diesen blöden Hormonen. Überall um mich herum hatten andere 1-a-Gründe, sich schlecht zu fühlen: Arbeitslosigkeit oder dass ein Elternteil stirbt. Und ich – ich hatte ‚nur' Wechseljahre. Das war mir fast ein bisschen peinlich. Dazu lag ich nachts stundenlang wach. Habe rumgegrübelt, was genau eigentlich an meinem Leben so mies ist, wie ich mich fühlte. Da hörte der Spaß dann für mich wirklich auf. Meine Frauenärztin verschrieb mir ein Hormon-Gel, das ich direkt auf die Haut aufgetragen habe. Eine sehr viel schonendere Vergabe als etwa eine Pille zu schlucken. Das hat super gewirkt. Als es mir besser ging, habe ich es abgesetzt und seitdem nicht mehr gebraucht."
Ich würde es genauso machen. Wieso sich lange quälen? Ist doch irgendwie nicht ganz einzusehen, dass uns ein paar Hormonschwankungen das Leben unnötig schwer machen. Weshalb meiner Stimmung keinen Rettungsring zuwerfen, bevor

ich vollends zum Trauerkloß mutiere? Corinna habe ich das auch erzählt, nachdem sie gebeichtet hatte, dass sie schon seit Wochen wegen jeder Kleinigkeit in Tränen ausbricht: Weil es regnet, weil sie Kaffee verschüttet, weil Lady Di auf so tragische Weise ums Leben kam. Aber sie glaubt an Baldrian, Melisse, Soja, Rotklee, Traubensilberkerze. Und an die homöopathischen Mittel der Wahl: Sepia, Lachesis, Pulsatilla und Cimicifuga.

Da wir es mit unserem Körper zu tun haben, würde ich sagen: Was hilft, soll und muss jede Frau für sich selbst entscheiden. Offenbar lässt sich die Hormonwippe aber auch durch einen Umzug in Balance bringen. Im Ausland, in anderen Kulturen, haben Frauen wesentlich seltener Wechseljahrbeschwerden. In China etwa, in Indien oder in Japan. Sogar in Ostdeutschland leiden die Frauen laut einer Studie weniger als die im Westen. Soja wäre deshalb als Erklärung schon mal raus aus der Argumentationskette. Es gehört nun gerade nicht zu den Grundnahrungsmitteln der Ostdeutschen. (Ist es vielleicht der Broiler? Einen Versuch wäre es wert ...) Die Forscher glauben, dass die Unterschiede im Wechseljahrbeschwerden-Empfinden von einer anderen Einstellung zum Thema herrühren. In Kulturen, in denen das Alter als eine Bereicherung angesehen wird, hätten die Frauen eben auch weniger Probleme mit der Umstellung. Ebenso wie dort, wo man die Veränderung als ganz normal akzeptiert.

Füllige Frauen entdecken nun, wozu all der Speck eigentlich gut ist. Weil auch im Fettgewebe weibliche Hormone gebildet werden, trifft sie die Umstellung oft nicht so hart. Das ist übrigens meine Lieblingstheorie. Ich kann sie nur bestätigen und möchte zum ersten Mal in meinem Leben ein paar Dankschreiben an meine Speckrollen verfassen. Auch Sport kann beim Ausgleichen wahre Wunder wirken. Bevor Sie jetzt die Augen verdrehen: Einfach mal versuchen. Im Unterschied zu früher, als man praktisch noch naturfroh war, merkt man spätestens ab Mitte 40 ein deutliches Stimmungs-Lifting, wenn man sich mal ein paar Runden durch den Park geschleppt oder ein wenig Yoga gemacht hat. Nein, da ist kein Widerspruch zwischen der Freude über die Fettröllchen und Sport Treiben. Da der Stoffwechsel ein Schneckentempo annimmt, lässt sich beides locker miteinander vereinen. Vermeiden kann man trotzdem ein paar Dickmacher: Spiegel, Fotos, Waagen, Shoppingtouren durch Zara, länger neben der Teenagertochter stehen.

Und noch ein paar Hinweise

- Einmal darüber nachdenken, ob man den Wechseljahren nicht ein wenig viel in die Schuhe schiebt. Oft sind es eben auch die turbulenten Lebensumstände, die einen etwa nachts nicht zur Ruhe kommen lassen.

- Wechseljahre sind nicht die alleinige Ursache für depressive Erkrankungen. Wer unter schweren Verstimmungen leidet, sollte deshalb unbedingt einen Psychotherapeuten konsultieren und sich keinesfalls allein mit der Diagnose „Typisch Menopause" abspeisen lassen.

- Es gibt gerade in den mittleren Jahren eine Menge Gelegenheiten, umzudenken. Manche behaupten sogar, dass ausgerechnet die Wechseljahre uns Gutes tun. Dass wir gar erst mit ihrer Unterstützung so richtig bei uns selbst ankommen. Klingt ziemlich bescheuert, wenn man sich gerade mal wieder in den Bumerangnebel, den kältesten Ort des Universums (-272 °C), wünscht. Sobald die Hitzewallungen vorbei sind, hat der Gedanke viel Schönes, wie ich finde.

Mit Zuwachs ist zu rechnen

„Wieso sind Sie hier?", fragt mich die Assistentin des bekannten Hautarztes. Fast hätte ich zurückgefragt: „Sind Sie blind?" Vor ihr sitzt eine Frau mit einem deutlich sichtbaren Problem. Eine mit den Borsten eines Wildschweinrückens auf Kinn, Mundwinkeln, Oberlippe. Eine, die sich zwei harte Wochen lang total zusammengerissen hat, kein Einziges der Übel an der Wurzel zu packen. Sollte man nicht, um das Ergebnis nicht zu gefährden. Gut, man darf sich vorher rasieren. Aber was blieb, war der Bartschatten eines Südeuropäers am frühen Nachmittag. Meine Härchen an entsprechender Stelle will ich mir hier mit dem Lichtschwert der Dermatologie – der Photoepilation – entfernen lassen. Mehrere Wochen wird dieses Verfahren in Anspruch nehmen. Und es soll idealerweise in den Herbst- und Wintermonaten stattfinden. Sonne ist nämlich nicht gut für die gereizte Haut. Ebenso wie Sauna. Aber das ist hier gerade nicht das Problem. „Ich sehe nichts!", sagt die Sprechstundenhilfe. Braucht sie eine Brille? Hätte ich mir vorher vielleicht Zöpfe aus meinen Kinnhaaren winden sollen? Aber sie meint nur lapidar: „Da haben wir hier ganz andere Kaliber!" Ja, was denn? Yaks? Gorillas? Offenbar ist mein Fall nicht ernst genug. „Und was ist mit später, wenn ich im Altersheim nicht mal mehr selbst die Pinzette benutzen kann?" Bis dahin sei noch ausreichend Zeit. Ich könne ja wiederkommen. Am besten mit noch mehr Haaren. Offenbar wird mit Zuwachs gerechnet.

Es liegt am Testosteron. Es ist wie die anderen Androgene (männliche Hormone) ein natürlicher Bestandteil auch des weiblichen Körpers, wie umgekehrt auch der männliche Körper Östrogen herstellt. Durch die Flaute in der Östrogenproduktion gewinnt nun das Männerhormon die Oberhand und wir könnten praktisch Blind Dates mit uns selbst verabreden.

Wechseljahr-Tourette

Manchmal erkennt man sich nicht nur wegen des Bartwuchses nicht wieder. Wo die Androgene das Ruder übernehmen, kommt es bisweilen auch zu weiteren, gravierenden Veränderungen. Eben war man noch als Friedensengel unterwegs, nun wird man plötzlich zum Tier, bloß weil der Weichmacher Östrogen fehlt. Männer sagen jetzt, Frauen fangen an, „zickig“ zu werden. Es fallen auf einmal Sätze, die sie vorher nicht mal gedacht hätten.

Wo das Östrogen, auch „domestizierendes Hormon“ genannt, geht, da verabschieden sich nämlich jetzt Bescheidenheit, Duldungsstarre, Zurückhaltung. Stattdessen erhält man ein paar waffenfähige Eigenschaften. Solche wie Ehrgeiz, Eigensinn, Entschiedenheit, Explosivität, Durchsetzungsfähigkeit, Wut. Grasten wir eben noch friedlich wie die Lämmer auf den saftigen Weiden unserer Liebe, räumten klaglos die getragenen Socken vom Sofa und das gebrauchte Geschirr vom Frühstückstisch – ein von Östrogen besänftigter Streichelzoo –, halten jetzt alle erst mal die Luft an, wenn wir im Raum sind, nur um die Irre nicht noch mehr zu reizen. So wie die Gäste in der Frankfurter Nobelhotelbar, in der Maria mit ihrem Mann Eberhard nach einer Abendeinladung noch einen Absacker nehmen wollte. Wie früher auch schon häufig, begann der 58-Jährige sofort einen Flirt mit der nächstbesten Frau – der höchstens halb so alten Barkeeperin. Nichts Neues für Maria und bei Weitem nicht die erste Gelegenheit, die er ihr in ihrer 27 Jahre währenden Ehe in Sachen Fremdschämen geboten hatte. Maria war bislang immer zurückhaltend und diplomatisch geblieben. Hatte Contenance bewahrt. Nur nicht an diesem Abend. „Kurz dachte ich darüber nach, ihn wie immer freundlich zum Aufbruch zu bewegen. Aber dann spürte ich etwas, das wie eine

Dampfwalze über meine an sich ja ganz guten Manieren hinwegrollte, und hörte mich tatsächlich laut und deutlich sagen: ‚Du arme Wurst! Was glaubst du, wer du bist? Orlando Bloom? Du bist dick, alt und hast Erektionsstörungen. Wenn du nicht bald anfängst, dich altersgemäß zu betragen, kannst du deine Koffer packen!' "

Danach herrschte erst mal eisiges Schweigen. Bis die junge Barkeeperin ganz zart anfing zu applaudieren. Eberhard zischte seiner Frau zu „Du frustrierte Kuh!" und verließ zügig den Ort seiner Demütigung. „Die Barkeeperin und ich haben dann noch ein, zwei oder auch vier Cocktails getrunken und einen puppenlustigen Abend gehabt. Sie erzählte mir, wie sie das nerve, immer, wie sie sich ausdrückte, ‚von diesen alten Säcken' angebaggert zu werden." Und Eberhard? Der war erst mal ein paar Tage „stinkebeleidigt". Aber immerhin flirtet er in Marias Anwesenheit nicht mehr so offensiv mit anderen Frauen. „Er hat Angst, dass ich auch noch seine Prostataprobleme und seine grauen Schamhaare ausplaudere", lacht Maria. „Er denkt, das sind die Hormone und dass ich derzeit unberechenbar bin. Gut für mich. Schlecht für den Service, den er bislang gewohnt war." Und meint dann noch ganz ernst: „Wenn ich gewusst hätte, wie einfach es ist, ihm mehr Respekt beizubringen, hätte ich schon sehr viel früher mal mit der Faust auf den Tisch gehauen."

Ist es das, was die Wechseljahrliteratur meint, wenn sie sagt, dass Frauen sich jetzt noch einmal ganz neu erfinden? Möglicherweise war es ja ohnehin das Östrogen, das uns die ganzen Jahre unserem eigentlichen Wesen entfremdet hat. Das dafür sorgte, dass die Scheidungsquote nicht noch weiter hochgeschnellt ist. Jedenfalls solange die Kinder noch klein waren. Also vielleicht sind wir nun etwas spröder, kommen aber endlich zu uns. Ich bin da einer Meinung mit der amerikanischen Talkmasterin Oprah Winfrey: „Ich habe mit vielen Frauen ge-

sprochen, die die Wechseljahre als ein Ende sehen. Ich habe jedoch festgestellt, dass es ein Moment ist, um sich selbst neu zu entdecken, nachdem man sich jahrelang nur um andere gekümmert hat. Es ist die Chance, herauszufinden, was für einen selbst wichtig ist, und dies mit deiner Energie, deiner Zeit und deinem Talent zu verfolgen."
Man könnte auch sagen: Testosteron – endlich einmal ein biochemischer Kampfstoff in den richtigen Händen! Und gleich in so vielen. In Deutschland sind heute mehr als acht Millionen Frauen zwischen 45 und 55 Jahre alt. Weltweit befinden sich 500 Millionen Frauen im besten Menopausenalter und bis 2025 werden wir mehr als eine Milliarde sein. Das sind die schlechten Nachrichten für Udo Jürgens. Gute für uns: Wir haben jetzt einen Schnurrbart und wir werden ihn auch benutzen!

Time-Table

Wann geht's los? Ehrlich: Schon ab etwa Mitte 30 können Vorboten den Wechsel ankündigen. Die Zyklen werden schon Jahre vor der letzten Periode (Menopause) unregelmäßiger – kürzer oder auch länger. Manchmal bleibt die Regel schon mal einige Monate aus und die Blutungen können schwach oder auch so stark sein, dass man praktisch tagelang kurz vor einer Ohnmacht steht. Die letzte Blutung haben wir dann etwa zwischen dem 50. und dem 52. Lebensjahr. Das ist der Durchschnitt. Dazwischen ist alles drin: Frauen, die ihre letzte Periode schon mit 45 haben, oder auch solche, die noch bis Ende 50 nicht vom Haken sind. Die hormonelle Umstellung bis dahin nennt man „Prämenopause". Die Zeit, in der sich der Körper nun endgültig auf die neue Hormonlage einstellt, „Postmenopause". Addiert man beide Phasen zusammen, hat man die „Wechseljahre", wissenschaftlich „Klimakterium".

2

Ballaststoffe

Beschäftigt man sich mit der Wechseljahrliteratur, dann müssten wir so lange „Hurra!" oder „Juchhe!" schreien, bis sich die Nachbarn beschweren. Überall werden wir aufgefordert, uns ein Loch in den Bauch zu freuen, bloß weil wir „endlich" über 40 oder 50 oder 60 sind. Klar, an sich ist es schon mal schön, überhaupt älter werden zu dürfen. Ein unglaublich großes Glück, das wahrlich nicht allen vergönnt ist. Schaut man sich so um (und in den Spiegel) und hat gerade keines dieser fiesen Stimmungstiefs, die einem die Wechseljahre bisweilen auch bescheren, können vermutlich 99 Prozent von uns sagen: Ja, gar nicht so übel – mein Leben und ich. Meine Familie. Mein Job. Meine Kinder. Sogar ziemlich super. Wenn man es recht bedenkt. Sollte es hier und da etwas zu korrigieren geben, wäre man ja außerdem noch fit genug, das ein oder andere zu ändern. Auch darüber muss man sehr froh sein.

Einerseits. Andererseits ist das Leben in der Mitte nun auch wieder nicht so dufte, wie dauernd behauptet wird. Nicht so jedenfalls, als hätte man einen dicken Joint geraucht, noch ein paar Stimmungsaufheller eingeworfen und ein Date mit George Clooney im Kalender stehen. Das Älterwerden, das muss auch gesagt werden, hat ein paar echt üble Begleiter. Das hier soll wahrlich keine Anleitung zu „Depressionen leicht gemacht" sein. Aber ich dachte, es wäre erstens nicht ehrlich und zweitens nicht fair, die dunklen Seiten dieser Lebensphase auszusparen. Das braucht man den meisten gar nicht erst zu sagen. Jede von uns steckt sowieso schon gerade mit einem oder mit beiden Beinen drin – in einem alterstypischen Schlamassel. Dann will man auch mal traurig sein dürfen und nicht dauernd gesagt bekommen, dass diese Heimsuchung, die man gerade erlebt und für die man Gott am liebsten eine knallen würde, in Wahrheit nur eine echt tolle „Herausforderung" ist, die man mit Freude annehmen soll. Nein, man muss unbedingt auch mal aus Leibeskräften „ScheißeScheißeScheiße!" brüllen dürfen, anstatt sich immer anhören zu müssen „Alles wird gut!". Einfach, weil eben nicht alles gut wird.

Ein Unglück kommt selten allein

In der Mitte des Lebens häufen sich ja die Hiobsbotschaften: Man erlebt im Bekanntenkreis oder in der Familie oder selbst die ersten schweren Krankheiten. Der Mann einer Kollegin hat Prostatakrebs, den er vermutlich nicht überleben wird. Eine Freundin hat wegen einer besonders aggressiven Brustkrebserkrankung ein ganzes Jahr Chemo und Bestrahlung hinter sich. Die nächste, elfengleich schmal, hat aus Gründen, die bislang kein Arzt eruieren konnte, den Bluthochdruck eines stark übergewichtigen Rauchers mit Alkoholproblemen. Und dann Helga, die gerade wieder einen üblen Multiple-Sklerose-Schub hatte und seitdem im Rollstuhl sitzt.

So langsam bekommt man eine Ahnung davon, wie unfassbar böse das Schicksal sein kann und wie schnell es mit einem Leben, in dem bislang die größte Sorge darin bestand, ob man zu dick sei, zu Ende gehen kann.

Dazu müssen wir uns jetzt nicht nur mit der eigenen Hinfälligkeit auseinandersetzen, sondern auch und vor allem mit der unserer Eltern. Da hat das Leben ein wirklich mieses Timing: wenn die Mutter plötzlich eine aussichtslose Krebsdiagnose erhält. Wenn sich die ersten Anzeichen einer Demenz zeigen oder wenn einfach ein Oberschenkelhalsbruch die Lebenskoordinaten nicht nur der Eltern komplett durcheinanderbringt. Es ist hart zu erleben, wie einstmals unangefochtene Autoritäten nun hilfsbedürftig werden – obwohl sie selbst das meist entschieden anders sehen. Ausgerechnet jetzt, wo man endlich durchatmen und einmal nur an sich denken könnte, sollen wir

schon wieder Verantwortung übernehmen. Bisweilen für Menschen, zu denen man lieber auf Abstand geblieben wäre.
So wie Marianne. „Meine Mutter und ich hatten immer ein schwieriges Verhältnis. Sie ist unglaublich ichbezogen. Immer nur mit den eigenen Problemen beschäftigt. Als mein Vater noch lebte, war das okay. Er hat sie mit Freuden auf Händen getragen und ihren Narzissmus bedient. Seit er vor zwei Jahren gestorben ist, erwartet meine Mutter nun von mir, dass ich das übernehme. Dass ich rund um die Uhr nur für sie zur Verfügung stehe. Für all die Banalitäten, die sie so umtreiben und die selbstverständlich immer vor allem anderen kommen. Ich hatte letztes Jahr eine schwere Zeit im Job und wusste eine Weile nicht, ob ich meine Stelle behalten würde. Hat sie nicht interessiert. Ich weiß nicht, was ich tun würde, wenn sie ein echter Pflegefall würde. Die Vorstellung, sie zu mir zu nehmen, ist der Horror. Aber ich könnte es auch nicht übers Herz bringen, sie in ein Pflegeheim zu geben. Ehrlich, ich hoffe, dass meine Mutter eines Tages einfach tot umfällt."

Eltern allein zu Haus

Lutz, ein Nachbar, erzählt, wie sein Vater ihm ganz andere Probleme macht: „Er kapselt sich ab, seit meine Mutter gestorben ist. Hockt den ganzen Tag vor dem Fernseher, trinkt Bier und raucht. Manchmal finde ich ihn sturzbetrunken in seiner total eingesauten Wohnung. Ausgerechnet dieser früher so wahnsinnig korrekte Mann, der ausgerastet ist, wenn er heimkam und es war nicht alles tipptopp ordentlich. Ich kann kaum arbeiten, weil ich mir solche Sorgen mache, dass er irgendwo eine Zigarette fallen lässt und in seiner Bude verbrennt. Am liebsten würde ich ihn in einem Seniorenwohnheim unterbringen. Aber er flippt total aus, wenn ich ihn darauf anspreche."

Jeder hat nun sein eigenes Eltern-Päckchen zu tragen. Da ist der 86-jährige Vater eines Kollegen, der meist ziemlich durcheinander ist und trotzdem immer noch mit seinem Wagen über die Autobahn 100 Kilometer weit zu einem alten Schulfreund fährt. „Er will partout nicht seinen Führerschein abgeben. Ich würde ihn am liebsten entmündigen lassen. Am besten noch bevor er ein paar Unschuldige unter die Erde gebracht hat", sagt sein Sohn und tut es natürlich doch nicht. Wir haben schließlich Respekt vor unseren Eltern und dann doch wieder nicht. Einfach weil sie sich manchmal bockig wie ein Dreijähriger benehmen. Was Christine erzählt, ist typisch: „Die Küche meiner Mutter ist voller verschimmelter Lebensmittel. Alles ist klebrig, staubig. Sie sieht einfach nicht mehr so gut und es fällt ihr zunehmend schwer, alles in Ordnung zu halten. Aber sie will auf keinen Fall, dass ich in ihrem Haushalt mithelfe. Sie sagt: ‚Noch bin ich kein Pflegefall!'" Es ist auch dieser ganz normale schleichende Abschied, der einen als sehr teilnehmenden Beobachter fertigmacht. Wenn man merkt, dass den Eltern der Haushalt über die ergrauten Köpfe wächst, wenn sie plötzlich nicht mehr wissen, was sie eben gesagt haben, wenn sie misstrauisch werden oder aggressiv oder ängstlich. Wenn sie nur noch vor dem Fernseher hocken. Wenn sie ihre ganze Rente auf Kaffeefahrten in nutzlose und überteuerte Dinge stecken.

Obwohl sicher immer mehr Männer ihre Eltern versorgen, gehört „Elternkümmern" hauptsächlich zu den weiblichen Pflichtfächern. Das beginnt bei Anrufen, Besuchen, gelegentlichem Einkaufen, Putzen und Unterhaltung und endet bei der häuslichen Pflege oder dem Organisieren eines Heimplatzes, der gut genug ist, um einem nicht lebenslang ein schlechtes Gewissen zu bereiten. Und auch das kommt noch obendrauf auf all das Elend: dass wir in unseren alten Eltern wie in einer Glaskugel unsere gar nicht mehr so ferne Zukunft sehen.

Was tun, wenn Vater oder Mutter zum Pflegefall wird?

- Sich so viel Hilfe suchen, wie man bekommen kann. Hartnäckig auch bei den Geschwistern (vor allem den Brüdern) Unterstützung einfordern.

- Alles, was Ärzte, Pflegedienste, Kranken- und Pflegekasse oder Pflegeheime entscheiden, was sie ablehnen oder wovon sie behaupten, es so und nicht anders tun zu müssen, hinterfragen und gründlich prüfen. Fall nötig auch mit juristischer Hilfe. Keine Angst vor Autoritäten. Selbst wenn sie einen weißen Kittel tragen. Die Annahme, dass das mit Fehlerfreiheit einhergeht, könnte fatal bis tödlich sein.

- Jedem erzählen, in welcher Situation man sich befindet. So sammelt man wertvolle Informationen.

- Egal, wie eng der Zeitplan ist – unbedingt für Ausgleich sorgen: Mindestens zwei Mal die Woche joggen, spazierengehen, Yoga oder Ähnliches. Regelmäßig kulturelle Veranstaltungen besuchen und Freunde treffen.

- Sich klarmachen: Dass Eltern sterben, lässt sich nicht verhindern. Aber man kann sehr viel dafür tun, noch ein paar schöne gemeinsame Erfahrungen zu sammeln. Sogar mit jemandem, der voll bettlägerig ist.

Die Abrechnung

Es gibt noch eine weitere typische Eltern-Kind-Krise in den mittleren Jahren: Wenn kurz vor Schluss noch einmal abgerechnet wird. All die unverarbeiteten Verluste und Kränkungen der Kindheit, mit denen manche einfach nicht abschließen können. Keine Seltenheit. Und längst nicht bloß in Familien, die ausreichend Stoff für einen weiteren Charles-Dickens-Roman abgeben würden.

Allein in meinem erweiterten Bekanntenkreis gibt es gleich mehrere Fälle, in denen erwachsene Frauen ihren Vater oder ihre Mutter oder gleich beide kurz vor dem Ende noch einmal zur Rechenschaft ziehen und reinen Tisch machen wollen. Für vermeintliche Lieblosigkeit, mangelnde Unterstützung, für übergroßen Ehrgeiz, dafür, dass sie einem den Bruder oder die Schwester angeblich vorgezogen haben. Vieles mag wirklich berechtigt sein. Und ich finde es durchaus legitim, einmal ein paar Dinge geradezurücken.

So wie Michaela. Die 56-jährige Industriekauffrau ist in ihrer Kindheit über lange Strecken bei ihrer Großmutter aufgewachsen. „Meine Mutter war sehr kränklich. Manchmal war sie ganze Monate weg. In Krankenhäusern oder irgendwo in Reha. Jedesmal wurde ich dann bei meiner Oma geparkt. Das war ein richtig böser Drachen. Es gab oft Ohrfeigen, Hausarrest und wüste Beschimpfungen. Einmal bin ich eine halbe Stunde zu spät nach Hause gekommen, weil ich im Eifer des Spielens die Kirchturmglocke überhört hatte, da hat sie mich angeschrien, ich sei eine ‚Hure' und eine ‚Schlampe'. Ich war damals erst acht Jahre alt." Michaela hat es ihren Eltern nicht übel genommen, sie so oft bei der Großmutter untergebracht zu haben. „Sie hatten ja keine Alternative und sie wussten auch nicht, wie Oma zu mir war. Oder besser: Sie wollten es lieber nicht wissen. Ich mache ihnen deshalb keinen Vorwurf. Ich will nur, dass auch meine Version der Geschichte zu ihrer Berechtigung kommt und nicht immer alle tun, als wäre das toll gewesen, bei Oma zu sein."

Klar hat man einen Anspruch auf die Würdigung der eigenen Erfahrungen. Manchmal möchte man aber auch sagen: „Das fällt dir aber früh ein!" Und: „Irgendwann ist man zu alt für eine unglückliche Kindheit." Zum Beispiel zu Sylvia, die mit immerhin 49 Jahren „endlich" mit ihren Eltern abrechnen will. Ich kenne die beiden und stelle mir vor, wie sich Erna, 84, und Horst, 89, – bereits reichlich tatterig und ohnehin voller Angst vor einer sie zunehmend befremdenden Welt – nun mit einer Anklageschrift auseinandersetzen sollen, als stünden sie vor dem Europäischen Gerichtshof für Menschenrechte: „Nie wurde ich gelobt." Oder: „Nicht ein einziges Mal wart ihr beim Elternabend." Oder: „Immer habt ihr mir meinen Bruder vorgezogen. Er durfte aufs Gymnasium, ich nicht. Wer weiß, was für ein herrliches Leben ich gehabt hätte, wäre ich nicht ‚bloß' Anwaltsgehilfin geworden."

Erna und Horst werden das alles sicher sehr, sehr bedauern. Aber was sollen sie jetzt machen? Auf die große Reset-Taste drücken? Die Welt noch einmal erschaffen? Wäre Sylvia zufriedener, wenn nur noch die Richtigmacher Eltern werden dürften? Wen würde sie aber dann für ihr Unglück verantwortlich machen? Hätte sie mit diesem Anspruch überhaupt selbst Kinder in die Welt setzen dürfen?

Nicht mal die Experten sind sich einig, was das überhaupt sein soll: eine Erziehung ohne die klitzekleinste Chance für Kinder, ihren Eltern später Vorwürfe zu machen. Am Ende müssten wir die Verantwortung für alles, was in unserem Leben schiefläuft, selbst übernehmen! Das sollten Eltern ihren Kindern nun wirklich ersparen.

Schwamm drüber

„Über verschüttete Milch soll man nicht klagen", lautet ein chinesisches Sprichwort. Und auch wenn es so klingt, als hätte Eckart von Hirschhausen einen Glückskeks zu Mittag gehabt – ich finde, es lohnt sich, darüber nachzudenken. Gerade weil der Stapel an offenen Rechnungen im Laufe der Jahre sonst so hoch wird, dass er die gute Laune darunter begräbt. Es macht einem das Leben sehr viel leichter, ohnehin reichlich abgestandene Ärgernisse einfach mal zu entsorgen: die Probleme in der Kindheit ebenso wie den Verrat der einstmals besten Freundin, den Ärger über den Ex, den Frust über die Kollegin, die einen damals beim Chef angeschwärzt hat, dass der ehemalige Freund einem seine Rostlaube – „prima Zustand" – für ungefähr tausend Euro zu viel angedreht hat und dass der Typ nach der gemeinsamen Nacht nie mehr angerufen hat. Ja, sogar den Seitensprung des Gatten. Sofern er eine einmalige Sache bleibt.

Nachtragen bedeutet ja nichts anderes als in einer Zeitschleife in den finstersten Momenten seines Lebens stecken zu bleiben und sich dauernd mit Menschen und Angelegenheiten zu beschäftigen, die so viel Aufmerksamkeit wahrlich nicht verdient haben. Und dann ist man in dieser Gedankenwelt auch noch quasi Daueropfer. Eine Rolle, die ich persönlich ziemlich unerfreulich finde. Ich gönne es anderen einfach nicht, mir den Tag, ganze Wochen oder sogar ein halbes Leben versauen zu können. Ich habe tatsächlich Besseres zu tun, als meine Zeit mit Schuldzuweisungen, Rachepläne und diesen dauernden inneren Monologen zu verbringen, in denen man übt, was man dem anderen an den Kopf knallen könnte. Falls man ihn mal wieder sieht. Natürlich wird man großartig aussehen und total souverän auftreten. Ganz so, als würde man im Unterschied zu ihm auf ein rundum erfolgreiches Leben blicken. Aber ehrlich:

Das wird den nicht die Bohne interessieren. Das Problem war ja gerade, dass dieser Mensch sich uns in keinster Weise verpflichtet fühlte. Und es ihm offenbar herzlich egal war, was er bei uns angerichtet hat. Kurz: Er ist schon längst ganz woanders, während wir ihm immer noch Zugang zu unserem emotionalen Hauptschalter gewähren.

Aber ich gebe zu: Manchmal denke ich trotzdem über die Anschaffung einer Voodoo-Puppe nach. Eine, die so aussieht, wie mein Nachbar. Und ein paar Nadeln, die ich immer in das Ding stecken kann, sobald er mich wieder einparkt oder seine stinkende Mülltonne vor meine Tür stellt. Dann fällt mir Regine ein. Vor mehr als zehn Jahren schon wurde sie geschieden. Von Stefan, der sie wirklich mies behandelt hat. Seitdem nimmt sie übel. Aktiv, indem sie jedem, der es nicht wissen will, davon erzählt. Ja, auch neuen Männern, was nicht besonders gut ankommt (und nebenbei auch einer der Gründe sein könnte, weshalb sie immer noch Single ist). Passiv, indem sie Stefans Leben aus der Ferne verfolgt. Immer in Erwartung, dass das Schicksal ihn bestraft für das, „was er mir angetan hat". Tut es aber nicht. Nicht mal mit einem schlechten Gewissen. Stefan hat sich ja nicht mal für Regines Befinden interessiert, als sie noch zusammen waren. Warum sollte er jetzt damit beginnen? Er hat sie schon längst nicht mehr auf seinem Radar, während sie ihm sogar erlaubt, auch zukünftige Beziehungen zu beeinflussen. „Ich kann keinem Mann mehr vertrauen!", sagt sie immer.

Es gibt längst viele Studien, die bestätigen, was hier passiert: dass Nichtverzeihen auch ein Akt der Selbstbestrafung ist und eng mit dem Selbstmitleid verpartnert. Dem überhaupt größten Bremsklotz im Leben. Auch gesundheitlich ist Nachtragen nicht zu empfehlen. Es fördert Bluthochdruck, Migräne, Depressionen und Schlafstörungen. Umgekehrt reduziert Verzeihen sämtliche Stresssymptome von Kopf- und Magenschmerzen bis hin zu Müdigkeit und Schwindel. Studienteilnehmer, die über eineinhalb Monate lang je 90 Minuten pro Woche an einem „Vergebungsunterricht" teilnahmen, waren aber nicht bloß körperlich, sondern auch seelisch stabiler. Noch Monate nach dem Kurs fühlten sich Männer wie Frauen vitaler und optimistischer. Wie gesagt, ich finde das auch manchmal schwer. Aber da jeder von uns auf die ein oder andere Art sehr viel Toleranz verbraucht – erstaunlicherweise oft die am meisten, die am wenigsten bereit sind, etwas davon zurückzugeben –, ist es ja außerdem ein schöner Gedanke, dass einem vielleicht auch einfach mal verziehen wird. Es sind ja nicht immer nur die anderen die Bösen. Nachsicht ist überhaupt ein mindestens so wichtiges Accessoire für die mittleren Jahre wie der siebenfache Vergrößerungsspiegel im Bad.

Und ewig grüßt das Murmeltier

Das Leben ist kein Ponyhof. Das braucht man gerade berufstätigen Frauen nicht zu sagen. Sie verdienen – bei gleicher Qualifikation – immer noch weit weniger als Männer. Und zum Ausgleich arbeiten sie dann doppelt so viel im Haushalt. Umso mehr übrigens, je länger sie verheiratet sind – so eine Studie der Uni Bamberg. Was die Geschlechter aber eint: dass man sich vorher immer nicht vorzustellen vermag, wie wahnsinnig lange man später ein und dieselbe Sache tun wird. Routine – das ist auch so ein Ballaststoff in den mittleren Jahren. Und man wird sofort sehr, sehr müde, wenn man mal eben überschlägt, wie oft man als Krankenschwester noch Katheter legen oder Kissen aufschütteln wird oder sich als Friseurin die immer gleichen Urlaubsgeschichten anhören muss. Gar nicht zu reden vom Dauerfrust über einen unfähigen und/oder cholerischen Chef. Mit einem Job verhält es sich im günstigsten Fall wie mit der Liebe. Zu Beginn ist alles neu und aufregend. Man ist begeistert, steckt viel Energie in die Sache, genießt die Herausforderung und springt jeden Morgen voller Tatendrang aus dem Bett. Früher oder später verflüchtigt sich das Hochgefühl. Langeweile schleicht sich ein, gleichzeitig hat man schon das Maximale dessen erreicht, was möglich ist. Das wären dann die idealen Voraussetzungen, endlich seiner wahren Bestimmung zu folgen: also Schauspielerin zu werden oder Schriftstellerin oder endlich einen Senfladen zu eröffnen oder eine kleine Boutique mit all den Dingen, die man selbst gern kauft – kurz: ein sinnstiftendes Leben zu führen, in dem die Work-Life-Balance aber so was von stimmt.

Ohne Moos nix los

Im Prinzip wäre nichts dagegen einzuwenden, aber solange man noch von Euros lebt und nicht von schönen Ideen, gilt es zunächst einmal an das Naheliegendste, an das Einkommen, zu denken. Ich kenne ausreichend Frauen, die einen Neuanfang gewagt haben – und mittlerweile für weniger Geld mehr denn je arbeiten müssen.

Es lohnt sich deshalb, mit Frauen zu sprechen, die spät noch genau das zu ihrem Beruf gemacht haben, wovon andere träumen. Aber Vorsicht, es könnte sein, dass die Schauspielerin, die sich auf Provinzbühnen und mit Werbung für eine Haftcreme durchschlägt, anfängt zu weinen, wenn sie hört, dass Sie Ihre feste Stelle mit Urlaubsanspruch, Weihnachtsgeld, geregelten

Arbeitszeiten und der Aussicht auf eine Rente gegen etwas eintauschen wollen, das einen dazu zwingt, noch mit 84 Jahren Zeitungen auszutragen. Hilfreich auch, sich einfach einmal im Hochsommer einen ganzen Tag lang in einen von diesen hübschen kleinen Läden zu stellen, von denen Frauen so träumen. Nur um zu erleben, wie unfassbar öde es sein kann, nicht mal eben für eine Stunde wenigstens ins Eiscafé gehen zu können.
Die Liste der vermeintlich idealen Beschäftigungen, um sich endlich selbst zu verwirklichen, ist enorm lang. Seltsam nur, dass über jedem dieser vermeintlichen Traumjobs der Satz schwebt, der vermutlich sowieso eigens für Frauen erfunden wurde: „Geld ist nicht alles." Man müsste schon Barbie oder Barbara Becker sein. Dann könnte man immer noch Rennfahrerin, Schmuckdesignerin, Astronautin oder Pilates-Model werden. Alle, die von ihrer Arbeit leben müssen, die eine Rente brauchen, vielleicht sogar noch eine Familie finanziell zu versorgen haben, sollten ihre Pläne einem gnadenlosen Realitäts-Check unterziehen. Wenn man sich dann immer noch entscheidet, etwa Psychologie zu studieren, obwohl man befürchten muss, nach dem Abschluss keine Stelle zu finden – Chapeau! Wenn man glaubt, dass die Welt auf eine weitere Familienaufstellerin oder Aura-Soma-Beraterin oder Heilpraktikerin gewartet hat, könnte man allerdings ein ziemliches Fiasko erleben.
Wieso nicht einfach nebenbei das ausleben, was da noch an unentdeckten Talenten und unerfüllten Sehnsüchten in einem schlummert? Eine Freundin schreibt neben ihrem Job in einer Behörde hier in Frankfurt leidenschaftlich gern gute Kurzgeschichten. Eine andere singt in einem Chor. Und eine Kollegin verbringt ihre gesamte Freizeit in ihrem Atelier, wo sie ausschließlich männliche Akte malt. Es hat auch etwas sehr Befreiendes, sich den Spaß an manchen Dingen nicht dadurch zu verderben, dass man damit dringend Geld verdienen muss.

Später ist früher, als man denkt

Eigentlich kann man ohnehin froh sein, mit über 40 überhaupt noch einen Job zu haben, selbst wenn er einen langweilt. Ich kenne einen privaten Stammtisch von Frauen aus der Werbebranche. Als er gegründet wurde, waren die meisten Teilnehmerinnen um die 30. Jetzt sind sie Anfang 40 und bis auf zwei Frauen haben alle ihre Jobs verloren. Einige wenige sind nach längerem Suchen in anderen Agenturen untergekommen. Die überwiegende Mehrheit jedoch versucht sich mangels Alternativen als Selbstständige durchzuschlagen. Die Kampagnen für die Produkte, die ihre und meine Generation jetzt angeblich so dringend braucht – gegen Altersflecken, für mehr Spannkraft der Haut, gegen Rückenbeschwerden und Haarausfall – werden nun von Jüngeren entworfen. Von Frauen, die wie schon ihre Vorgängerinnen glauben, dass man sie, wenn sie nur richtig tüchtig sind, immer weiter nach oben an die Spitze befördern wird. Bis sie Kinder kriegen oder älter werden. Gut, man hätte sie mit 30 einmal fragen können: „Sag mal, wie viele deiner Vorgesetzten sind eigentlich Frauen?“ Oder: „Was denkst du, wie soll das weitergehen, wenn du mal mehr als ein freies Wochenende im Monat brauchst?“

Aber irgendwie funktioniert das mit der Erfahrungsvermittlung unter Frauen nicht auf diese Weise. Also nicht so, dass die Jüngeren gebannt an den Lippen der Älteren hängen, um von deren Erfahrungen zu profitieren. Die Jüngeren denken, was wir auch gedacht haben, als wir so alt waren wie sie: dass bei ihnen alles anders sein wird. Die Männer, die Arbeitswelt, ihre Zukunft. Ihre Liebsten werden selbstverständlich mit Freude beim Putzen, Kochen, Aufräumen und bei der Wäsche helfen und zwischendurch den Boden anbeten, auf dem wir wandeln. Sie werden sehr gern eine Auszeit nehmen, um ihre Kinder beim Großwerden zu begleiten. Im Beruf wird es so vielversprechend weitergehen, wie es begonnen hat. Man wird gefördert und geschätzt. Den reichen Erfahrungsschatz, den man sich am Anfang durch sehr viele Überstunden und großes Engagement angeeignet hat, wird die Firma später auch finanziell großzügig honorieren. Bis man irgendwann in Rente geht. Die wird natürlich ausreichend üppig ausfallen, um den gewohnten Lebensstil weiterhin zu finanzieren. Erzählt eine ältere Frau etwas von beruflichen Sackgassen, von Chefs, die einen sofort ausbremsen, sobald man Mutter wird, von Kündigungen, weil schon eine Jüngere und Günstigere in den Startlöchern steht, von Männern daheim, die mit jedem Ehejahr eher weniger im Haushalt tun, von einer Rentenerwartung, für die man eigentlich ein Rezept für einen wirkungsvollen Stimmungsaufheller braucht, ist sie vermutlich bloß frustriert. Oder hat einfach nicht so gut ausgesehen oder war nicht so klug. Auf keinen Fall lässt sich ihr Leben mit dem vergleichen, das man für sich selbst vor Augen hat.

Wenn es dann genauso wird wie das, wovor uns unsere Mütter immer gewarnt haben, ist es leider zu spät. Nun will auch die nächste Generation nicht hören, dass ihr dasselbe blüht. „Und? Soll ich jetzt vielleicht vor der Agentur Flugblätter verteilen? Oder mich in der Kantine an die Espressomaschine ketten, damit sie ein paar Seniorinnen einstellen?“, fragt die Tochter einer Freundin, nachdem sie gerade einen heiß begehrten Texterjob in einer der angesagtesten Agenturen Deutschlands ergattert hat (die übrigens von einem gänzlich Frauen-freien Vorstand geleitet wird). Nö.

Es genügt eigentlich, wenn wir einander etwas besser zuhören. Auch den Frauen, die uns jetzt ein Stück voraus sind. Den 70-Jährigen oder 80-Jährigen. Wenn wir uns mit ihrem Leben, ihren Problemen beschäftigen. Denn die werden in nicht allzu langer Zeit auch unsere sein. Und nein, bloß weil wir jetzt noch besser aussehen, uns mehr leisten können, fitter sind, nicht die letzten zwei Wochen im Monat von Kartoffelbrei leben müssen und Männer noch nicht „Wie geht's uns denn heute, Oma?" zu uns sagen, bedeutet das nicht, dass uns ihr Leben erspart bleibt. So viel jedenfalls sollten wir aus der Geschichte gelernt haben. Es ist unsere Zukunft, die wir da sehen, und noch können wir sie verändern. Und übrigens: Ich kaufe nichts mehr von Firmen, die offenbar Minderjährige beschäftigen, um sich Werbung für Senioren auszudenken. Irgendwo muss man ja mal anfangen ...

Ich habe bereits mit 40 angefangen, mich vier Jahre jünger zu machen.

Jetzt bin ich 58 – also offiziell 54. Ein Kollege, der mir draufkam, fand das unglaublich peinlich und macht sich jetzt dauernd lustig über mich. Muss ich mich da schämen?

Martha, 58, aus Berlin

Dr. Herbst: Glückwunsch, dass er offenbar erst mal ein anderes Indiz brauchte als Ihr Aussehen, um Ihnen überhaupt auf den Schwindel zu kommen. Sollte er Sie noch mal darauf ansprechen, sagen Sie ihm einfach: Wenn ich die Jahre abziehe, die ich mit Männern wie Ihnen vergeudet habe, bin ich sogar erst 34. Höchstens!

3

Mein Körper, die Zeit & ich

Jetzt heißt es tapfer sein. Dieses Kapitel beinhaltet wenig Schönes. Der Körper und sein Altern sind nicht gerade das, was man ein Dream-Team nennen kann. Das Gute: Man gewöhnt sich an vieles und die Veränderungen kommen nicht über Nacht. (Manches allerdings schon! Gerade heute morgen eine fiese neue Falte im Kinnbereich entdeckt. Ich wusste gar nicht, dass es dort auch faltig wird!) In den seltensten Fällen geht es optisch bergauf. Was da zunehmend hängt und knittert, das muss man mal so hart sagen, lässt sich nur schwer und mit einigem Aufwand, oft ziemlich kostenintensiv, ausbremsen. Wenn überhaupt. Kaum ist man einmal von oben bis unten fertig, kann man oben schon wieder neu beginnen.
Fangen wir mal mit einem der leidigsten Themen in den mittleren Jahren an: der Figur. Ein Schwerpunkt, im wahrsten Sinne des Wortes. Wie gern wäre ich unglaublich gelassen und dabei ein richtig schlankes und schön durchtrainiertes Reh. Einfach so. Ohne auch nur einen Gedanken daran zu verschwenden. Ja, das Thema begleitet mich seit Jahren. Aber mir geht es wie Ihnen: Obwohl man immer glaubt, nun sei wirklich alles gesagt und getan, bleibt der leidige Speck irgendwie nicht nur auf den Hüften, sondern auch in den Gedanken. Gerade jetzt. Wir alle wissen, dass die Röllchen von Jahr zu Jahr zutraulicher und anhänglicher werden. Der geheime Altersverbündete des Specks, sein bester Kumpel, ist nämlich ein träger werdender Stoffwechsel. Je niedrigtouriger, umso weniger Energie verbraucht der Körper. „Och ne!" ruft der Stoffwechsel quasi, „immer diese Hektik. Jetzt will ich auch mal chillen."
Um jetzt überhaupt das Gewicht zu halten, muss man sich schon so disziplinieren wie früher für eine Diät. Viele verabschieden sich nun für immer von raffinierten Kohlenhydraten und nehmen nach 18 Uhr niemals mehr auch nur einen Bissen zu sich. Für all diejenigen unter uns, die nicht gern um 20 Uhr

ins Bett gehen, kann so ein Abend ohne Nahrung verdammt lang werden. Aber viele Alternativen gibt es wohl nicht. Denn während der Stoffwechsel lahmt, wächst der Appetit. Verständlich, gibt es doch gerade in diesen Jahren eine Menge hervorragender Gründe für das, was der Amerikaner „Trostessen" nennt. Mehr Essen führt (Achtung – Überraschung!) jetzt zu noch mehr Pfunden. Mehr Pfunde führen bei sehr vielen – ja, auch bei mir – schnell mal zu schlechter Laune. Schlechte Laune macht gleich noch hungriger. Und ehe man sichs versieht, ist man kugelrund und richtig mies drauf. Deshalb muss man wahrscheinlich seinen Blickwinkel ändern oder dem Stoffwechsel rund um die Uhr in den Hintern treten. Auch wenn man sich für Letzteres entscheidet, bleibt eine Figur wie damals mit Anfang/Mitte 20 für die meisten von uns illusorisch. Oder sie ist nur unter enormen Entbehrungen möglich.

Mit der Reife werden Ärzte jünger

Sich unbedingt beizeiten sehr gute Ärzte suchen, die deutlich jünger sind. Noch bevor der ausgezeichnete und nette Gynäkologe, die fantastische Orthopädin, der 1-a-Zahnarzt und der hinreißende Dermatologe in Rente gehen, weil sie nämlich Ihr Jahrgang sind.

Die Frage, die man sich deshalb stellen muss: Zu welchen Einschränkungen bin ich bereit? Wie viel ist es mir wert, wenigstens von hinten noch wie eine 30-Jährige auszusehen? Wie wichtig ist das für mich? Für meine Gesundheit? Für die, die ich damit beeindrucken will? Männer beispielsweise. Bin ich diszipliniert genug? Was bringt mir das mühsam erkämpfte oder erhaltene Figürchen? Anerkennung von anderen Frauen mit Sicherheit. Egal, wie alt wir werden, die aktuelle Figurenlage ist einfach immer ein Thema. Dabei ist es meist entweder ein Zuviel oder ein Zuwenig und nie ein Goldrichtig. Meist heißt es auf der einen Seite: „Hast du gesehen, wie fett die Soundso geworden ist?" Und auf der anderen: „Ein bisschen mehr würde der Soundso auch nicht schlecht stehen, die sieht ja schon so ausgemergelt aus!"

Dabei ist Fett per se gar nicht übel. Zumal mit fortschreitendem Alter. Gerade im Gesicht kann man es dann stellenweise gut gebrauchen. Die wunderschöne Schauspielerin Andy MacDowell hat mal gesagt: „Wenn du älter wirst und dein Gesicht anfängt zu hängen, tun fünf Pfund mehr ganz gut!" Ein ausgesprochen tröstlicher Satz, leider ist nur die Rede von fünf Pfund. Was zur Hölle sind lächerliche fünf Pfund? Davon abgesehen: Wer garantiert, dass sich die Pfunde auch tatsächlich im Gesicht ansiedeln? Meine Pfunde jedenfalls halten sich an keine Reisebestimmungen. Sie sind schon überall mal gewesen. Wahrscheinlich hat Gott mich bei „Moppel" eingeteilt. Nur so zur Abwechslung darf man zwischendurch immer mal von der Truppe desertieren, mal Dünnenluft schnuppern, mal gucken, wie das so ist, wenn man in praktisch allen Geschäften einkaufen kann. Wenn man seine Füße sieht und sich zum Schuhe-Zubinden nicht hinsetzen muss. Aber bald ist der Ausflug ins Schlanke wieder vorbei. Die Pfunde wollen zurück. Und ich habe ihnen immer freundlich die Tür geöffnet. Ich bin einfach zu verfressen. Während ich das schreibe, überlege ich schon, wann ich zu Mittag esse (bald!) und was es geben wird. Schon immer hatte Essen für mich einen hohen Stellenwert. Ich genieße und liebe gutes Essen. Deshalb denke ich immer viel zu viel darüber nach: Wann es wieder etwas gibt, was ich einkaufen werde, ob man den selbstgemachten Kartoffelbrei nicht noch mit etwas Butter aufwerten sollte …

Ich bin 50 geworden und zum Mammographie-Screening geladen.

Eine Freundin meinte, das würde eher schaden als nützen …

Irene, 50, aus Leipzig

Dr. Herbst: Nach Faktenlage gibt es in dem Zeitraum, in dem das Brustkrebs-Screening angeboten wird, einen durchaus messbaren Benefit. Der ersetzt aber keinesfalls die Tastuntersuchung. Und: Das Screening verhindert keinen Krebs – wie laut einer Umfrage immerhin 30 Prozent der deutschen Frauen glauben. Gerade bei Brustkrebs hängt aber sehr viel von einer frühen Diagnose ab, denn die steigert die Überlebenschancen und entscheidet auch über die Schwere der Therapie.

Speck-Applaus

Trotzdem: Ein gewisser Erkenntnisgewinn hat sich irgendwann in all den Jahren natürlich eingestellt. Das muss man dem Älterwerden zugutehalten: Es geizt nicht mit Erfahrungen. Zum Glück. Der Mensch ist lernfähig. Und so gibt es immer häufiger Monate und Momente, da ist mir das Thema Speck wurscht. Oft im Winter, wenn all die Pfunde so herrlich verborgen unter den Tiefen irgendwelcher Winterklamotten liegen. Doch auf den Winter folgt das Frühjahr und es werden Bereiche freigelegt, die, wäre man streng mit sich, eine Burka verlangen. Streng bin ich aber nicht. Es hat ja auch Vorteile, ein wenig speckig zu sein. Der Körper muss sich in den Wechseljahren von einer Menge Östrogen verabschieden. Bauchfett produziert Östrogen, deshalb nutzt der Körper hier seine kleine Chance, ein winziges Resthormondepot anzulegen. Sehr dünne Frauen kommen deshalb zumeist auch früher in die Wechseljahre. Mehr Östrogen bedeutet dann auch weniger Knochenabbau. Denn das Hormon hemmt die Arbeit der Zellen, die den Knochen zusetzen, und fördert die Aufnahme von Kalzium aus der Nahrung. Umgekehrt steht Osteoporose (= Knochenschwund; immerhin 80 Prozent der fünf bis sieben Millionen Patienten sind weiblich) in engem Zusammenhang mit radikalen Gewichtsabnahmen. Meist ist sie auch verantwortlich für den gefürchteten Oberschenkelhalsbruch (auch täglicher Colakonsum – inklusive Light-Version – soll übrigens bei Frauen deutlich die Knochendichte vermindern), oft das Eintrittsportal zur Vorhölle „Pflegebedürftigkeit".
Nein, das ist kein besonders fieses „Buh!" zum Erschrecken der schlanken Gazellen und auch keine billige Moppel-Retourkutsche. Mittlerweile sind sich so ziemlich alle medizinischen Disziplinen einig, dass es durchaus gesund ist, etwas mehr auf den

Rippen zu haben. Nach Auswertung von 97 Studien mit insgesamt 2,88 Millionen Teilnehmern kam die amerikanische Epidemiologin Katherine Flegal zu dem Schluss, dass Menschen mit einem BMI zwischen 25 und 30 ein niedrigeres Risiko haben, innerhalb eines bestimmten Zeitraums zu sterben, als die sogenannten Normalgewichtigen. Erst ab einem BMI von über 30 steigt das Risiko an. Im Klartext: Ein kleiner Rettungsring verlängert das Leben. Und Konfektionsgrößen zwischen 38 und 44/46 sind gesünder als gedacht. Unserem Körper ist es deshalb schnuppe, dass uns das Bauchfett in unserer Jeans ein Problem macht. Könnte er sprechen, würde er wahrscheinlich sagen: „Kauf dir halt 'ne andere Hose, vielleicht mit Gummizug!"
Was also tun? Sich aus der Konkurrenzzone in die Komfortzone verabschieden? Den Kampf mit den Pfunden aufgeben und sich stattdessen mit sich selbst und den neuen alten Rundungen anfreunden? Die Garderobe gnadenlos aussortieren und eine glamouröse Abschiedsparty für Größe 38 geben! Oder dranbleiben, darben und es weiter probieren? Niemals aufgeben?

Lieber ein fitter Moppel

Ich glaube, die Mischung macht es. Und zu der gehört unbedingt Bewegung in jedweder Form. Denn so gesund die Rundungen seit Neuestem auch sein sollen, ohne Sport verlieren auch sie ihren medizinischen Premium-Status. Es bleibt ja unbestritten, dass Übergewicht das Risiko für verschiedene – ernste – Krankheiten erhöhen kann. Wenn man es vor allem auf dem Sofa, auf dem Fahrersitz, auf Restaurantstühlen und in Aufzügen bequem lagert, anstatt es auf Treppen, beim Yoga, Laufen, Fahrradfahren, Schwimmen oder bei Aquagymnastik in Wallung zu bringen. Und genau hier liegt oft das eigentliche Gewichtsproblem: Der Anteil der Sportmuffel ist in Deutschland seit 2007 von 45 auf 52 Prozent gestiegen. Die meisten kommen nicht einmal auf eine Stunde Bewegung am Tag. Den Gang zum Kühlschrank mit eingerechnet. Auch bei mir gibt es diese Tage, an denen ein Schrittzähler vermutlich denken würde: „Ist das jetzt schon die Rollator-Phase bei Frau Fröhlich?" Meistens aber tue ich irgendwas. Das Minimum sind 15 Minuten Yoga täglich. Und wenn es gut läuft, bin ich dazu auch mal eine Stunde auf dem Laufband, gehe joggen, mache Langlauf und/oder bin am Rudergerät. Nicht weil ich Sport so wahnsinnig liebe. Aber ich will wenigstens ein fitter Moppel sein. Und das hat bisher auch meistens geklappt. Sieht man einmal von ein paar monatelangen Zwangspausen ab, die sich Stürzen beim Joggen und einer Hüftentzündung verdanken.

Sport – eine Mischung aus Kraft- und Ausdauertraining – ist ja nicht bloß die Geheimwaffe gegen den Knochenabbau. Er ist auch quasi die Domina des Stoffwechsels. Er peitscht ihn richtig an und ist damit der perfekte Friedensengel im Konflikt zwischen Kalorien und der Passform der Lieblingsjeans. Und er ist noch anderweitig ein wahrer Prachtkerl: Es gibt kaum ein wirkungsvolleres Laune-Lifting. Und egal, wie wenig Lust ich habe, etwa Yoga zu machen. Wenigstens die Viertelstunde, zu der ich mich doch allermeistens prügele, zwingt schon mal eine Menge Grau raus aus dem Alltag. Und das ist der zweite Grund, weshalb an Bewegung kein Weg vorbeiführt: Sie erspart einem einigen Frustfraß, ebenso wie die hormonell bedingten Abstürze in das tiefe Jammertal der Wechseljahre. Ich habe ein wirklich gutes Leben, für das ich sehr dankbar bin. Es wäre eine unglaubliche Verschwendung, es nicht zu genießen. Und das kann ich viel besser, wenn ich nicht schon nach ein paar Treppenstufen ein Sauerstoffzelt brauche. Wenn ich nicht für immer auf große Teller Pasta und kleine knusprige Pommes oder einen herrlichen Braten verzichten muss. Vom totalen Verzicht

auf Klöße, Bratkartoffeln, Pfannkuchen, Vollmilch-Nuss-Schokolade gar nicht zu reden. „Nie mehr …" ist ein Satz, der in mir nichts Gutes auslöst.
Und wie hat die US-amerikanische Autorin Erma Bombeck es einmal so treffend und mahnend formuliert: „Denk an all die Frauen, die auf der Titanic den Dessertwagen vorbeigewunken haben." Wäre schön blöd, eben noch ein Eiweißshake angerührt zu haben, um dann sehr schlank, aber auch sehr tot vom Stuhl zu sinken. Mein Kopf soll auf ein Stück Frankfurter Schnitzel mit Bratkartoffeln fallen. Umgekehrt macht mich allein die Vorstellung, bis zum Grab nicht mehr ordentlich essen zu dürfen, ziemlich fertig. Und ich staune manchmal, wie sich Frauen selbst beim Seniorenkaffee der Arbeiterwohlfahrt noch streng beäugen, anstatt die Gunst der späten Stunden zu nutzen, um endlich einmal hemmungslos miteinander zu schlemmen. Der Gewichtsterror hat offenbar nie ein Ende. Genau das führt auch dazu, dass man nach erfolgreichen Diäten oft schnell wieder zunimmt. Man hat sich so dermaßen viel verkneifen müssen und ist so irrsinnig froh, dass alles vorbei ist und man endlich mal wieder essen darf. Ratzfatz sind die alten Kilos wieder da und im schlimmsten Fall bringen sie noch ein paar Freunde mit.

Die Mischung macht's …

Ich versuche, so gesund wie möglich zu essen. Viel Gemüse, Obst, Quark, Fisch, aber gern auch mal Fleisch. Und davon so viel ich will. Zu den geregelten Mahlzeiten und nicht zwischendurch. Aber ich verkneife mir auch den Hamburger nicht und auch nicht die Pasta. Im Heim werde ich mich dann dereinst vollständig auf alles verlegen, was nicht in der Brigitte-Diät steht. Vielleicht fange ich sogar wieder an zu rauchen, probiere mal einen Joint (mit Inhalieren) oder fange an mit Fallschirmspringen. Muss bei der Anmeldung daran denken, ein Zimmer mit Balkon zu nehmen! (Nicht fürs Springen, sondern fürs Rauchen!) Ja, das ist dumm, das mit dem Rauchen, aber ein herrlicher Gedanke. Nicht altersadäquat und schon deshalb so schön. Bis dahin versuche ich es mit Vernunft – eine Tugend, die an und für sich nicht zu meinen Kernkompetenzen gehört – und bringe sie einfach mit meinem manchmal wirklich zügellosen Appetit unter einen Hut. Das ist dann zwar ein bisschen, als hätte Ottfried Fischer eine Liaison mit Heidi Klum, aber gerade das kann ja durchaus sehr spannend sein, schon weil man nie weiß, wer morgen die Oberhand haben wird.

Ich achte zwar ein bisschen aufs Gewicht, werde aber nicht panisch. Versuche mich nicht ständig zu grämen und mich nicht mit zwei weiteren Butterbroten zu bestrafen, für die beiden, die ich eben außer der Reihe gegessen habe. Und ich nehme es mit Humor, wenn ich mich mitten in der Nacht in der Küche beim Butterbrotschmieren wiederfinde und mir einrede, die zählen nicht. Jedenfalls nicht zu den vier von gestern. Wann, wenn nicht jetzt, sollten wir anfangen, nach Kräften nett zu uns zu sein?! Deshalb lautet nun auch die Devise: „Es gibt viel zu tun, packen wir es an!“ Aber manchmal auch: „Beißen wir einfach die Zähne zusammen!“ Zumal auf der dunklen Seite der Wechseljahre ziemlich finstere Mächte am Werk sind, die ungefähr so viel Schönes zu unserer Außenwerbung beizutragen haben wie ein blindes Nilpferd. Die Menopause verlangsamt ja nicht nur unseren Stoffwechsel. Sie führt auch größere Umbaumaßnahmen an unserem Körper durch. Ohne dafür vorher eine Genehmigung bei uns einzuholen. Es handelt sich also um Schwarzarbeit am Bau. Ohne Möglichkeiten, die Pfuscher anzuzeigen. Und so sieht das Ergebnis auch aus: Flachbrüstige bekommen plötzlich einen Mordsvorbau, statt schön runder Hüften hat man nun eine Wampe und keinen Po mehr.

Kann ich mit über 50 Jahren die Haare noch lang und offen tragen?

Leonore, 52, aus Bottrop

Dr. Herbst: Gegenfrage – wovor fürchten Sie sich? Dass es einen Bußgeldkatalog gibt für Frauen, die sich des Tatbestands der Jugendlichkeitsanmaßung schuldig gemacht haben? Dass Ihnen beim Bäcker jemand auf die Schulter tippt und sagt: „Leonore, so geht's aber nicht. Deine Haare sind schon längst für Dschanine, 15, reserviert und du solltest ab sofort einen praktischen Kurzhaarschnitt tragen."
Sie dürfen alles. Sogar noch mit 90 die Haare lang und offen tragen. Einzige Einschränkung: Sie sollten nicht so lang sein, dass Sie mit dem Rollator darüber stolpern.

In der Mauser

Im Ansatz ist das ja gar keine schlechte Idee: Noch einmal die Karten neu zu mischen. Allerdings wäre es doch praktisch gewesen, uns ein Stimmrecht einzuräumen, anstatt uns zu ohnmächtigen Zuschauern zu degradieren. Das gilt auch für das leidige Thema Haare. Ohnehin ein hochsensibles Thema für

Frauen. Und es gewinnt in den Wechseljahren noch einmal einiges an Brisanz. Ganz einfach, weil die Haare nicht bloß grau, sondern auch weniger, feiner und dünner werden. Könnten nicht der Körper dünner und die Haare kräftiger werden? Das wäre der perfekte Deal. Aber nein: Einige Frauen leiden sogar unter massivem Haarausfall. Auch das eine Folge der Hormonumstellung. Eine Freundin hat komplett ihre Augenbrauen verloren und ihr einst dichtes, dunkles Haar hat merklich an Volumen eingebüßt. Andere bekommen nun die Geheimratsecken, deretwegen sich Jürgen Klopp einer Haartransplantation unterzogen hat. Was die Frisurauswahl enorm einschränkt und einem echte Albträume beschert: wenn sich der Haarverlust bis weit hinter die Ohren fortsetzt.

Was also tun? Bei heftigem Haarausfall auf jeden Fall ärztliche Hilfe einholen. Sollte man planen, sich die Augenbrauen nachtätowieren zu lassen, sich intensiv umhören. Bloß nicht auf das Schnäppchenangebot des örtlichen Tattoo-Studios einlassen und lieber mehr in einen wirklichen Experten investieren. Augenbrauen sind so etwas wie der Rahmen, in dem der ganze Rest – nicht nur die Augen, sondern auch die Nase, der Mund, die Wangen – eingefasst ist und da wäre es blöd, wenn man quasi mit einem verzogenen Gartentor im Gesicht herumlaufen müsste.

Und was die Frage „Grau oder Färben?“ anbelangt – da gibt es keine goldene Regel. Viel spricht für Grau. Zum Beispiel die Preise für das ewige Nachfärben und dann natürlich, dass die Haarstruktur ziemlich dankbar ist, wenn man sie nicht dauernd mit Chemie traktiert. Andererseits greift so ein grauer Schopf doch massiv in die Stylingmöglichkeiten ein. Könnte sein, dass nichts aus dem Kleiderschrank mehr zur Haarfarbe passt. Auch nicht der ja nun zunehmend fahler werdende Teint (immer schön Lippenstift, Mascara und Rouge auftragen!). Einen Versuch aber ist es in jedem Fall wert. Manche Frauen sehen toll aus mit grauem Haar und man sieht in letzter Zeit immer häufiger auch junge Frauen in Silbergrau, einfach weil das gerade zu Knallfarben unglaublich gut passt. Für mich ist das – noch – keine Option. Ich hoffe, ich kann mich noch lange mit Strähnchen aus Babsis Friseurstudio vor der Entscheidung drücken.

Die neuen Leiden der alten S.

Es gibt ja ohnehin auch anderweitig deutliche Hinweise auf mein Alter. Zum Beispiel war ich noch nie beim Waxing. Das, so klärte mich eine Freundin voller Entsetzen auf, sei ungefähr so, als würde ich noch Schulterpolster tragen. Etwa 90 Prozent der 18- bis 25-jährigen Frauen sollen laut einer Studie der Universität Leipzig im Intimbereich längst teilweise oder komplett rasiert sein. Kann man sich also mit einem totalen Kahlschlag wenigstens untenherum ganz einfach verjüngen? Oder wirkt es nicht total peinlich, wenn eine doch schon sehr erwachsene Frau dort das vorpubertäre Mädchen geben will? Und ist es nicht irgendwie fragwürdig, wenn ein erwachsener Mann darauf so gesteigerten Wert legt? Oder ist das Waxing-Diktat bloß eine weitere Variante des Schönheitsterrors, mit dem wir Frauen von wichtigeren Dingen wie etwa Konzerne-Lenken oder Länder-Regieren abgelenkt werden sollen? Muss man es bloß tun, weil es alle so tragen, wie die Verfechter des Haarfrei-Looks behaupten? Aber, wie haben schon meine Eltern immer gesagt: „Nur weil der Soundso das und das macht, musst du es ja nicht auch machen. Wenn der springt, springst du dann auch?“ Ist Schamhaar heute nicht mehr „Haar, das die Scham bedeckt“, sondern „Haar, für das man sich schämt“, wie der Autor Paul-Philipp Hanske im Magazin der „Süddeutschen Zeitung“ feststellt?

Nein, ich bin keine Schamhaarbesessene. Aber ich will natürlich auf keinen Fall, dass mich ausgerechnet meine Intimzone als völlig vorgestrig outet. Und wenn ich im Internet lese, wie sich offenbar die meisten am liebsten übergeben möchten bei dem Gedanken, dort Haare zu finden, wo Gott sie hingedacht hat, ist es auf jeden Fall einen Selbstversuch wert. Schon um einen Eindruck von Aufwand und Wirkung zu gewinnen.

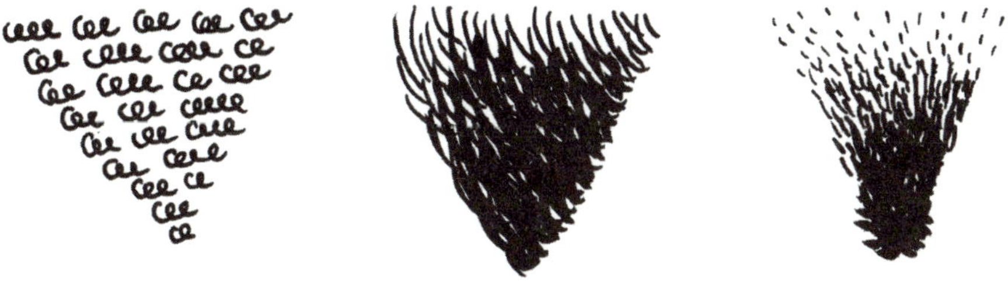

Schamloses aus dem Waxing-Studio

Nur wer Neues probiert, kann auch Neues entdecken. Das gilt ja möglicherweise auch fürs Schamhaar. Ich werde es also einfach mal testen, das Waxing. Das Gute: Haare wachsen ja auch wieder. Das tröstet mich. Allerdings nicht sehr. Der Besuch des Waxing-Studios ist mir schon im Vorfeld immens peinlich. Allein der Gedanke, dass sich eine mir völlig fremde Person ausgiebig mit meinem Unterleib beschäftigt! Ich versuche das Ganze eher medizinisch zu sehen. Neutral. Ich werde mich wohl oder übel frei machen müssen. Sehr frei. Deshalb bin ich vorbereitet. Ich habe hübsche Unterwäsche angezogen – nicht zu hübsch, aber ordentlich. Die Art, die man auch trägt, wenn man zum Gynäkologen geht. Angemessene Kleidung eben. Nicht zu aufreizend, aber auch nicht zu spießig. Souveräne erwachsene Unterwäsche, genau die Sorte, die man auch gern hätte, wenn man halbnackt in einem Krankenwagen landet. Anders als für das Haupthaar gibt es leider keine Schamhaarfrisur-Sonderhefte am Kiosk.

Im Internet habe ich mich schlau gemacht und mich über zeitgemäße „Untenrum-Frisuren" informiert. Die Auswahl ist erstaunlich groß. Es gibt den „Landing Strip", also einen Resthaar-Streifen auf dem Schambein. Er wird auch „Brazilian Cut" genannt. Bei der Variante „Brazilian komplett" werden außerdem auch die Härchen auf den äußeren Schamlippen entfernt. Bei den „Bikini Lines" wird der Wildwuchs gerade so viel begradigt, dass das Schamhaar nicht aus dem Bikinihöschen herausquillt. Dann die „Freestyle Intimrasur": Herzchen-, Pfeilchen- und andere Formen. Schließlich gibt es noch den „Hollywood-Cut", also die komplett enthaarte Intimzone. Und glaubt man den Intim-Fashionistas, die aktuelle Trendfrisur.

Hintenrum und vorneweg

Im ersten Waxing-Studio ist es rappelvoll. Außer mir scheint das jeder Mensch im Rhein-Main-Gebiet regelmäßig zu tun. „Drei Stunden Wartezeit!", verkündet die freundliche Frau am Empfang. Ich bin eine sehr ungeduldige Frau. Auch etwas, was mit dem Alter eher schlimmer statt besser wird! Drei Stunden Lebenszeit für die Warterei auf eine Schamhaarfrisur zu opfern, erscheint mir nicht angemessen. Vor allem weil ich nichts zu lesen dabei habe. Drei Stunden ohne Beschäftigung rumsitzen nur für einen haarfreien Unterleib, den außer mir zurzeit sowieso niemand sehen wird, nein, das ist nicht akzeptabel. Ich könnte einen Termin vereinbaren. Aber das ist nicht möglich. Also ziehe ich wieder ab.

Im nächsten Studio, nicht ganz so stylish, sitzen auch schon zwei Leute im Warteraum. „Sie müssten ungefähr eine halbe Stunde Wartezeit einkalkulieren!“, begrüßt mich eine der Angestellten. Wenn ich jetzt gehe, komme ich so schnell nicht wieder – ich kenne mich und beschließe zu warten. Was für ein gruseliger Beruf! Fremden Leuten den Intimbereich bearbeiten. Und auch noch Männern!
Endlich ruft mich meine Waxing-Expertin auf. Sie ist sehr freundlich. Wenn jetzt ein Mann aus dem Zimmer gekommen wäre, wäre ich wieder gegangen. Allein die Vorstellung, dass ein Mann diesen Job erledigt! Auf keinen Fall! Die Frau, die mir gleich so nahe kommen wird wie sonst nur Liebhaber und Gynäkologen, ist etwa in meinem Alter und anscheinend türkischer Herkunft. Immerhin. (In der Türkei gehört das Enthaaren zur Tradition und kaum ein anderes Land hat darin so viele effektive Methoden entwickelt. Dort war es schon Anfang der 90er Usus, dass es in jedem Friseursalon auch eine Enthaarungskabine gab.)
Ich beschließe, mir, wenn ich schon mal hier bin, auch mein Gesicht enthaaren zu lassen. Für Konversation ist meine Enthaarungsfrau nicht zu haben. „Ausziehen und hinlegen!“, sagt sie nur, nachdem ich meinen Wunsch geäußert habe. „Auch die Unterhose?“, frage ich sicherheitshalber noch mal nach. Sie guckt mich erstaunt an. War ja auch eine ziemlich dumme Frage. Ich lege mich unten ohne auf die Liege und bin sehr, sehr angespannt. Presse die Beine aneinander. Die Situation ist mir richtig peinlich. „Haben Sie das schon mal gemacht?“, fragt mich die Expertin mit Blick auf meinen Unterleib. Ich gestehe, das sei mein erstes Mal. Überrascht wirkt sie nicht. Kein Wunder. Meine Körpersprache hat gerade zum Megaphon gegriffen. Ich versuche zu plaudern, das trägt ja immer zur Entspannung bei. Jedenfalls zu meiner. Doch mein Gegenüber ist eher wort-

karg und widmet sich konzentriert ihrer Arbeit. Sie beginnt mit dem sogenannten Venushügel, der oberen Vorderansicht. Wachs drauf, abreißen, Wachs drauf, abreißen. Es tut höllisch weh. Jetzt heißt es Zähne zusammenbeißen und Beine spreizen. Mit der Pinzette geht es an die Feinarbeit. Ich stelle fest: An den Schmerz gewöhnt man sich. Ich versuche, mich auf die Atmung zu konzentrieren. Yoga sei Dank. Da lernt man konzentriertes Atmen.

Nach etwa 10 Minuten scheint vorne alles erledigt. „So, jetzt umdrehen!“, sagt sie. Umdrehen? Nein, das ist ausgeschlossen!, schießt es mir durch den Kopf. Keinesfalls. Was will sie denn an meinem Po? „Das gehört dazu!“, teilt sie mir einigermaßen streng mit. „Ja, schon“, versuche ich mich rauszureden, „aber ich glaube, ich habe da kaum Haare.“ Ihre Reaktion ist irgendwas zwischen Schnauben und Lachen: „Oh doch!“ Ich ergebe mich und drehe mich um. Mein weißer Riesenpo liegt nun auf dem Präsentierteller. Dort, wo man ihn keinesfalls gern haben möchte. „Pobacken auseinanderhalten!“, lautet die nächste Anweisung. Das ist jetzt wirklich der Gipfel der Peinlichkeit. Ich möchte ganz woanders sein. Sogar ein Zahnarztstuhl wäre besser als dies hier. Wie konnte ich hier nur jemals herkommen?! Allein der Blick auf die Wachsstreifen zeigt allerdings, dass sich die Arbeit durchaus lohnt. Man könnte aus dem, was da dranhängt, ein kleines Fellwestchen herstellen.

Aber wie es so ist mit allen Peinlichkeiten: Das Grauen wird weniger. Man schämt sich still vor sich hin und hofft inständig, dass hier schon ganz andere Kaliber gelegen haben und der eigene Anblick bei der Menge an Intimzonen einfach als gänzlich unspektakulär untergeht. Insgeheim hofft man, dass es bei anderen noch viel schlimmer ist. Dass man nicht die Krönung des Ganzen ist. Dass diese Frau nicht nach Hause geht und sagt: „Ihr könnt euch nicht vorstellen, was mir heute unters Wachs kam!“

Frisch gewaxt

Irgendwann ist zum Glück jede Schmach vorbei und ich darf mir, bevor es ans Gesicht geht, wieder was anziehen. Wachs im Gesicht ist auch nichts, was ich häufiger brauche. Besonders um die Augen herum tut es ziemlich weh. Irgendwann landet ein Wachsstreifen sogar auf meinem Hals. Ich gucke fragend und sie nickt nur. „Sind da etwa Haare?" will ich wissen. „Ja!" Meine Güte: Haare auf dem Hals! Wahrscheinlich war ich ursprünglich als Schaf geplant, und nachdem das Fell ausgesucht war, wurde umgeschwenkt. Ich bin ein Mensch mit Fell. Blondem Fell, immerhin.

40 Euro kostet mich die Prozedur. Und ja: Es ist schön glatt. Alles. „Da kann man fiese Pickel kriegen hinterher!", hat mich eine Freundin gewarnt. Und tatsächlich bekomme ich sie am Hals und im Kinnbereich.

Das muss man dem Waxing allerdings lassen: Es hält eine ganze Weile. Vier Wochen nach meinem Versuch – das Haar wächst wieder und ist fast im Vorher-Zustand – lese ich: „Neuer Trend! Untenrum wird wieder Schamhaar getragen!" Typisch. Da folge ich brav der aktuellen Mode, und schon werden die Trendkoordinaten geändert. Ich könnte die Haare also wieder entspannt wachsen lassen. Andererseits fühlt es sich durchaus gut an, so glatt und frei zu sein. Trotzdem: Will ich noch einen Termin auf dem ohnehin schon übervollen Beauty-Plan – neben Friseur, Nagelstudio, Sport? Möchte ich weiterhin fremde Frauen so tief blicken lassen? Ich glaube, ich kann künftig darauf verzichten. Obwohl ich nicht Fan der Meinung bin, dass „naturbelassen" automatisch das Schönste ist. Dass die innere Strahlkraft schon alles richten wird. So ganz allein und auf sich gestellt. Ohne wenigstens ein kleines bisschen Hilfe, und das ausgerechnet jetzt.

4

Aufgespritzt *und* angefixt

Botox & Co

Ich lese, was man ohnehin dauernd zu hören bekommt: „Keine Botoxspritze kann erreichen, dass unser Blick, unsere Augen, unser Lächeln eine Jugendlichkeit ausstrahlen, die nur aus einer inneren Haltung, aus Lebendigkeit und Frische geboren wird." Das klingt wirklich total schön. Aber führt doch ein wenig an der Realität vorbei. Ich fühle mich ja total jugendlich und lebendig. Mein Gesicht scheint diese Meinung aber nicht immer zu teilen. Und nicht nur das. Es setzt sich jetzt dauernd durch mit der Ansicht, dass ich eigentlich müde, erschöpft und gestresst bin. Klar, wenn man frisch verliebt ist und/oder total ausgeschlafen, keinen Stress hat, einen Mann, der einem jeden Tag sagt, wie hinreißend und klug man ist, wenn die Kinder ganz allein ihre Hausaufgaben machen und ihre Zimmer aufräumen. Wenn sie pünktlich daheim sind und man nicht mit weit offenen Augen im Bett liegt, weil sich sämtliche Sorgen für die Zeit nach ein Uhr zu einer nächtlichen Krisensitzung im Oberstübchen verabredet haben, und man außerdem ausreichend Zeit für entspannende Spaziergänge draußen in der Natur hat – ja, dann ist man die Schönheit des Tages. Aber wie wahrscheinlich ist es, dass sich all diese Beauty-Pusher auf einen Termin einigen? Oder wenigstens die Hälfte? Oder ein Drittel? Um uns „ganz natürlich" wunderbar frisch und leuchtend aussehen zu lassen, müssten die Götter mehr Arrangements treffen als für die Begegnung von Jupiter, Mars und Saturn. Und ich hoffe doch sehr, dass die Schicksalsmächte ihre Energien in die Verhinderung von Kriegen, in die Heilung Schwerstkranker oder wenigstens in einen ordentlichen Sommer und nicht bloß in meine Hautbeschaffenheit stecken.

Wie aber schafft man es, ganz natürlich entspannt und wohl auszusehen? Genauso, als hätte man sich eben verliebt, die Kinder dabei überrascht, wie sie emsig dafür büffeln, ihren Notendurchschnitt zu verbessern, und einen 10-Kilometer-Spaziergang an einem Nordseestrand hinter sich. Nebst mindestens fünf Jahren allerbester Ernährung. Die Antwort lautet schlicht: mit ein paar Spritzen. Das verheißen die neuen Methoden aus dem Beauty-Kosmos. Sie sollen einem glatt das doch ziemlich blutige und auch teure Facelift ersetzen, einem schöne Gesichtskonturen und rosige Wangen schenken, die Sorgenfalten glätten und dabei der Haut jenen natürlich Glow verschaffen, der quasi als Inbegriff von Natürlichkeit gilt. Klingt verrückt? Das will ich am eigenen Leib erfahren ...

„Nicht lachen!“, sagt Dr. med. Gerhard Sattler. Das ist schwer. Irgendwie wollen meine Mundwinkel einfach nicht in die Waagrechte. Trotzdem: Sie müssen. Schließlich wird hier etwas sehr Ernstes dokumentiert: das Vorher. Also der aktuelle Ist-Zustand meines 51-jährigen Gesichts an einem Donnerstagabend im Dezember. Dafür stehe ich an einer leider sehr gut ausgeleuchteten blauen Wand und fühle mich ein bisschen wie Lindsay Lohan, als sie wegen Trunkenheit am Steuer erkennungsdienstlich behandelt wurde. Man wünscht sich, man hätte sich morgens etwas sorgfältiger geschminkt. „Und jetzt nach links schauen!“, sagt Dr. Sattler und macht noch ein paar Fotos. Immerhin meint er: „Sie haben ein so freundliches Gesicht!“ Ja, aber auch dieses freundliche Gesicht beschert mir zunehmend unfreundliche Falten. Und wahrlich nicht jede verdankt sich all dem, was ich bislang zu lachen hatte. Viele sind einfach Folge von zunehmend trockener Haut und von Gewebe, das gerade dabei ist, sein größtes Talent zu verlieren: die Fähigkeit, Feuchtigkeit zu binden. Alles sackt ein und ab. Hängt. Rutscht.

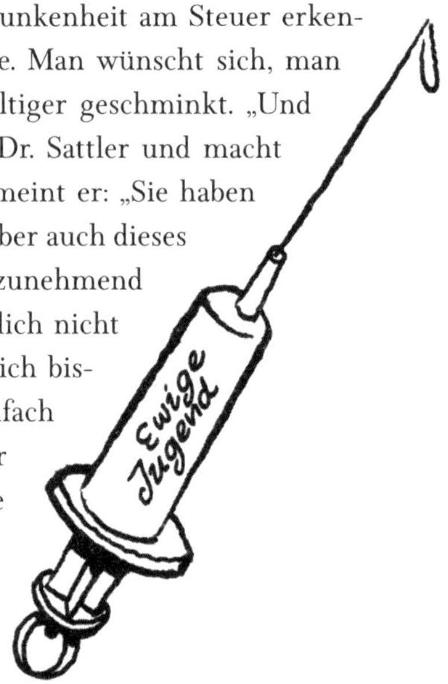

Knittert. Die romantische Vorstellung, die man vielleicht noch bis etwa Mitte 30 von einem älteren Gesicht hatte, dass es eben „gelebtes Leben“ ausdrücke und man mit jeder Furche nach dem bewährten „Miles & More“-Prinzip ganz viele Sympathiepunkte sammeln könne, relativiert sich mit jedem Jahr mehr. Gut, man kann dagegen ancremen. Behauptet die Kosmetikindustrie. Aber tatsächlich erweisen sich deren Möglichkeiten als deutlich eingeschränkt.

Das Beauty-Who-is-Who

Deshalb sind Constanze und ich hier in der Rosenpark Klinik in Darmstadt. Wir sind zu zweit angereist, weil zwar jede Frau älter wird. Aber jede eben auch anders. Wir wollen wissen, was drin ist in der Faltenbehandlung, jenseits von Facelifts, Narkose, Operationen und überhaupt allem, was mit einem Skalpell zu tun hat. Welche Optionen es im vergleichsweise niedrigschwelligen Bereich für die jeweils unterschiedlichen Alterserscheinungen gibt, von denen die Natur – das muss man fairerweise sagen – nicht alle auf einem Gesicht vereint, aber doch auf unseren beiden.

Dafür hat sich Gerhard Sattler nach einem anstrengenden Tag den Abend frei gehalten. Der 58-Jährige ist eine absolute Koryphäe, seine Rosenpark Klinik gilt als weltweit anerkanntes Kompetenzzentrum für „ästhetische Behandlungen“. Hier werden Körper geformt, Lider gestrafft, Brüste vergrößert oder verkleinert oder nach einer Brustkrebsbehandlung wieder aufgebaut. Es werden Nasen „korrigiert“, aber auch Venen und Krampfadern behandelt.

Und dann ist die Klinik, respektive Dr. Sattler, auch noch führend in brandneuen Methoden, das Gewebe im Gesicht zu regenerieren, die Stirn zu glätten und dem Gekräusel

über der Oberlippe und unter den Augen einen Frischekick zu verschaffen, der all das noch monatelang in Bestform hält. Ohne Schneiden. „Nur" mit Spritzen. Mit Botulinumtoxin und mit Hyaluronsäure.
Botulinumtoxin – kurz Botox – verhindert, dass sich die Muskeln anspannen, sodass wir unsere Stirn nicht mehr so stark runzeln können. Die Muskelpartien entspannen und die darüber liegende Haut glättet sich. Linien und Falten gehen zurück. Botox verhindert auch, dass neue Falten entstehen, einfach, indem es künftig die Runzelmöglichkeiten stark einschränkt. Der Effekt hält etwa drei bis sechs Monate. Das Mittel ist in der Medizin bereits lange erforscht und wird etwa gegen starkes Schwitzen unter den Achseln oder auch in der Neurologie eingesetzt. Eine Freundin bekommt es gegen ihre Migräne. Ihr großzügiges Angebot, „die Reste" aufzubrauchen, habe ich allerdings abgelehnt.
Hyaluronsäure ist, das lernen wir, eine feuchtigkeitsbindende Zuckerverbindung, die natürlich im Körper vorkommt: in Sehnen, Bändern, Gelenkknorpeln und vor allem in der Haut. Zu ihren Hauptaufgabengebieten gehört es, die Haut zu stützen, zu straffen und zu glätten. Sie aktiviert außerdem die Zellerneuerung und schützt vor Umwelteinflüssen. Das Alter drosselt die Produktion der Hyaluronsäure. Versorgt man die Haut wieder damit, bringt das „neue Elastizität, Feuchtigkeit, Spannkraft und mehr Volumen", so der Experte. Es sei aber nicht mehr nur das Material, mit dem gearbeitet wird, das sehr viel Schönes bewirken soll. Sondern auch die Art und Weise, wie es unter die Haut gebracht wird. Einerseits kann man mit Hyaluronsäure Falten „aufspritzen", andererseits aber auch das Gewebe generell anheben und es dazu anregen, Feuchtigkeit zu binden. Subsumiert wird dieses neue Verfahren unter dem Begriff „Volumentherapie".

Die drei Techniken der Volumentherapie

- Die Towertechnik. Dabei platziert man das Füllmaterial mit einer senkrecht geführten, scharfen Spezialnadel tief im Gewebe. Die Nadel gibt das Material – also die Hyaluronsäure – beim Herausziehen gleichmäßig ab. Bildlich gesprochen entstehen dabei Säulen (Tower), die das Gewebe von unten anheben.

- Die Depottechnik. Gezielt werden kleine Mengen des Füllmaterials in den tiefsten Hautschichten deponiert. Das soll für jenen weichen, prallen Schmelz der früheren Jahre sorgen, der in der Fachsprache „Gesichtsfülle" genannt wird, was auch die Gesichtskontur deutlich verbessert.

- Die Windmilltechnik. So heißt sie, weil mit ihr das Füllmaterial sternförmig in die Haut gespritzt wird, bildlich dem Rad einer Windmühle (windmill) vergleichbar. Gearbeitet wird dabei mit einer abgestumpften Kanüle.

Wunder gibt es immer wieder

Besonders die Sache mit der „abgestumpften Kanüle" bei der Windmilltechnik klingt irgendwie besorgniserregend. Andererseits, gemessen an dem, was bei einem Facelift anfallen würde – also Vollnarkose, stationärer Aufenthalt usw. –, wirken die Verfahren harmlos. Trotzdem sollen sie hocheffektiv sein. Sie gleichen den „Volumenverlust" aus und animieren das Gewebe, wieder in den Feuchtigkeitsbindungsprozess einzusteigen. „Wiederherstellung der Hydrobalance der Haut, ihrer Struktur und Elastizität sowie ihrer Festigkeit" werde damit erreicht,

sagt Dr. Sattler. Das Bindgewebe würde „wieder aufgerichtet“. Die Haut erscheine weicher, glatter und „leuchtender“. Sogar die schlaffe Kinnpartie müsse sich nicht mehr länger hängen lassen. Ein Effekt wäre praktisch sofort sichtbar, das Ergebnis aber würde keinesfalls „gemacht“ aussehen. Eher so, als hätte man die letzten zwei Jahre ganz entspannt auf einer Hängematte verbracht. Nur bei einem sehr „hageren Gesicht muss man ganz vorsichtig sein. Das sieht leicht zu verändert aus.“ Ein Kriterium, das auf uns beide nicht zutrifft – in Gedanken leisten wir den Extrapfunden einmal mehr Abbitte.
Bevor hier jemand denkt, dass wir beide nicht nur die Frisur, sondern auch eine Familienpackung Naivität teilen: Wir lassen uns alles erklären. Und auch zeigen. Es gibt Anschauungsmaterial. Ein ganzer Katalog von Frauen von 30 bis mindestens 80. Und nein: Die 80-Jährige ist nicht in Wahrheit 100 und die 30-Jährige auch nicht eigentlich 50. Man sieht, wie alt die Frauen ungefähr sein könnten – man sieht aber auch, dass sie beeindruckend wohl aussehen und dieses tolle Strahlen besitzen, das man nur nach einem sehr langen Spaziergang an der frischen Luft manchmal mit nach Hause bringt. Außerdem haben sie Konturen.

Die Faltenschau

Wir sind beeindruckt. Und die Kosten? Nach einer „Grundbehandlung“ – für die je nach Handlungsbedarf zwischen 1000 und 1600 Euro fällig werden, müsse man für die Auffrischung – „um den Standard zu halten“ – mit jährlich schätzungsweise 1500 Euro rechnen, sagt Dr. Sattler. Das ist sehr viel Geld. Trotzdem, wir wollen es beide versuchen. Aus Neugier. Weil man nur über etwas reden kann, das man auch selbst versucht hat. Weil das hier gar nicht wie der Teufel aussieht, den

viele Frauen immer gleich an die Wand malen wollen, sobald das Thema auf Botox & Co. kommt. Weil es, wie wir finden, tatsächlich einigen Handlungsbedarf gibt. Obwohl Dr. Sattler meint, soooo viel sei gar nicht zu tun.
Nein, er schwatzt uns nichts auf. Im Gegenteil. Er sagt ein paar sehr nette Dinge. Und das, obwohl er jetzt ganz genau hinschaut. Sein Fazit: „Frau Fröhlich, ich sehe ein wunderbar waches, strahlendes Gesicht. Bloß hier und da sind vielleicht ganz kleine, oberflächliche Defekte. Die Stirn ist im Wesentlichen glatt. Bis auf ein paar kleine Falten auf dem Oberflächenrelief." Er sagt außerdem etwas von „Hängebäckchen". Die Raucherfalten auf der Oberlippe aber findet er längst nicht so schlimm wie ich. Zudem sei mein „Hautmantel" sehr dick. Vielleicht gab es ja eine japanische oder chinesische Urahnin in meiner Familie? „Die Asiatinnen haben eine anderthalb Mal so dicke Haut wie die Europäerinnen." Deshalb würden sie auch nicht so schnell altern. Dann sagt er noch etwas, das ich mir unbedingt in mein Tagebuch schreiben muss: „Das Problem ist, dass ich gar nicht so viel sehe!"
Und Constanze? „Das ist schon bemerkenswert, wie gleich man sein kann und gleichzeitig wie unterschiedlich", bemerkt Dr. Sattler und konstatiert unter den Augen „Tränenrinnen". Meint, da sei schon einiges abgesackt. Auch die Nasolabialfalte sei tiefer. Überhaupt sei mehr „Schattigkeit" in dem Gesicht als bei mir. Die Partie unter den Mundwinkeln schon etwas eingefallen. Das alles würde freilich beim Lachen verschwinden. Das ist schön. Aber man hat ja nicht dauernd etwas zu lachen. Tja, der schrumpfende „Gewebsmantel" hinterlässt Spuren. Aber das sei nichts, was man nicht in den Griff bekommen könne. Gut, dann machen wir doch für nächste Woche einen Termin.
Zwischen Plan und Ausführung liegen nun sieben Tage. Ausreichend Gelegenheit für lange Diskussionen mit unserem

besseren Ich. Dem mit der Goldkante. Es ist dasselbe Ich, das uns bei jedem Steak das Elend der Schlachttiere unter die Nase reibt – obwohl wir tatsächlich fast nur Biofleisch kaufen – und uns die miese Energiebilanz dieses Planeten vorhält, sobald wir die Heizung wenigstens so weit aufdrehen, dass man im Winter daheim keinen Mantel braucht. Dieses Ich spürt jetzt eine Menge Rückenwind. Klar, wer sich in den Großraum von Botox & Co begibt, der steht schneller vor dem obersten Moralgericht, als man „Hyaluronsäure" auch nur aussprechen kann. Eine Menge Leute fühlen sich sofort zu Kommentaren berufen, sobald das offenbar unerlaubte Verlassen der „In-Würde-altern-Fraktion" öffentlich wird.

Schöner lügen

Es ist also ziemlich klug von Frauen, auch dann jedweden Eingriff zu leugnen, wenn der quasi so offensichtlich ist wie ein rosa Elefant in der Fußgängerzone. Und umgekehrt ist es eigentlich ziemlich dämlich, darüber zu schreiben, was genau man hat alles „machen lassen". Gerade dann, wenn doch eine der Attraktionen dieser Eingriffe darin bestehen soll, dass es kaum jemandem auffallen wird.
Ehrlich gesagt, finde ich beides seltsam: Einmal das standhafte Leugnen. Die Behauptung, dass sich die so proper rosigen Gesichter von Frauen bis weit über 40 nach Selbstauskunft allein fantastischen Genen, frischer Luft, Yoga und sehr, sehr, sehr viel Wasser verdanken. Aber ebenso kurios ist es, dass dieses Verleugnen offenbar mehr als gerechtfertigt ist. Man braucht ja bei manchen Freundinnentreffen bloß mal das Reizwort „Botox" in die Runde zu werfen, um bisweilen mehr Empörung zu ernten, als etwa die Zustände in Syrien jemals hervorrufen würden. Man kann darüber streiten, weshalb es in Ordnung sein soll,

seinen Körper wochenlang mit Eiweiß-Shakes zu traktieren, um vorübergehend ein paar Pfund leichter zu werden, eine Hyaluronsäure-Behandlung hingegen den Straftatbestand des offenbar äußerst peinlichen Schönheitswahns erfüllt. Weshalb man mit 4000 Euro für eine zweiwöchige Ayurveda-Kur in Indien auf der moralisch sicheren Seite sein soll, aber mit 1500 Euro für eine Faltenunterspritzung nicht. Ganz viele Frauen tun es und beinahe genauso viele verdammen es, etwas machen zu lassen. Nicht selten handelt es sich dabei übrigens um ein und dieselbe Person.
Wie das geht? Das habe ich einmal bei einer Talkshow erlebt. Eingeladen war neben anderen auch eine erklärte Feministin, die mit einer merkwürdig glatten Stirn ein Hohelied auf die Falte sang, um später Backstage mit dem gleichfalls eingeladenen und eben noch hart angegangenen Schönheits-Chirurgen den nächsten Termin für eine Faltenunterspritzung zu vereinbaren. Warum nicht mit offenen Karten spielen? Auch wenn es ein paar Vorwürfe wie „Hast du eigentlich noch alle Tassen im Schrank?“ nach sich zieht.

Stellenweise Glatteis

Auf Fragen, die Ihnen Ihre Freundinnen garantiert stellen werden, können Sie schon mal ein paar Antworten üben:

Hast du keine anderen Probleme?
Antwort: Klar hab ich die. Und natürlich gibt es sehr viele Menschen, die sehr viel mehr Probleme haben. Aber was haben meine anderen Probleme mit Botox & Co zu tun? Und: Wäre es nicht ziemlich clever, wenigstens die Probleme zu lösen, die

man lösen kann, um sich den wirklich wichtigen Problemen des Lebens zuzuwenden?

Du findest es also ein Problem, über 50 zu sein? Und was ist mit „In Würde altern"?

Antwort: Wieso ist die Würde des Alters eigentlich immer mit dem Gesichts-Geknitter verbandelt? Was ist so würdelos daran, wenn ich wohler aussehen möchte? Und ehrlich gesagt: Wenn du dich schon so sehr für Würde interessierst, wieso investierst du deine Empörung dann nicht in lohnendere Bereiche? Meinst du nicht, man könnte etwa im Seniorenheim mit Vorlesen oder als Begleitung beim Spazierengehen sehr viel effektiver dafür sorgen, dass deutlich mehr Würde ins Altern kommt?

Gut, dass du es ansprichst. Fakt ist doch: Für die Zeit und das Geld, die du da in diesen Schönheitsblödsinn investierst, gäbe es Abnehmer, die es wirklich nötig haben …

Antwort: Ja, und die Kinder in Indien verhungern, weil ich hier in Deutschland meinen Teller nicht aufesse. Hat sich jemals jemand dafür interessiert, wie viele Zehntausend Euro manche Frauen in ihre Küchen investiert haben? In ihre Autos? In ihren Kleiderschrank? Hörst du dir eigentlich auch mal selbst zu? Unter uns: Ich habe wirklich ausreichend Patenschaften …

Hach! Du willst dich also rauskaufen!

Antwort: Nein, ich möchte dich mal fragen, wieso es die eine Hälfte der Frauen eigentlich so aus dem Häuschen bringt, wenn sich die andere mit Botox und Hyaluronsäure behandeln lässt. Ich strähne mir schon so lange die Haare, dass ich mich selbst für naturblond halte. Ich kaufe Bauchweghöschen, ich mache Sport, ich habe mir schon mal die Zähne bleachen lassen. Ich gehe ins Nagelstudio. Das ist doch auch alles „gemacht". Wieso muss ich mich denn ausgerechnet jetzt rechtfertigen?

Weil ich das – mit Verlaub – eine beschissene Botschaft finde. Vor allem an unsere Töchter. Wie willst du sie vor dem Perfek-

tionsterror bewahren? Ihnen plausibel machen, welch wunderbare Menschen sie sind, so, wie sie sind, dass es die inneren Werte sind, die zählen, wenn du nicht mal ein paar Falten akzeptieren kannst?

Antwort: Erstens – über Falten kann man wirklich erst sprechen, wenn man welche hat. Und dann: Wie fürsorglich von dir, dir über meine Vorbildfunktion Sorgen zu machen. So lange wie ich arbeite, mich selbst finanziere und doch bisweilen auch erfolgreich war, habe ich diesbezüglich leider so gar nichts von dir gehört. Hättest dich ja auch mal melden können, um mich als Role-Model für eine Frau zu präsentieren, die zwei Kinder und einen Beruf stemmt!

Arme Wurst! Wirst du möglicherweise nicht ordentlich beachtet? Nicht angemessen gewürdigt? Ist es das? Ein Mangel an Lorbeeren? Tief sitzende Unsicherheiten?

Antwort: He, he, he – Vorsicht, meine Liebe! Wer hat denn mit den Nierenhaken angefangen? Und es ist deine Theorie, dass mein Selbstbewusstsein an meinen Falten oder an meinen Hängebäckchen hängt. Übrigens eine ziemlich schwachsinnige.

Wieso traust du dir eigentlich das Altwerden nicht zu?

Antwort: Natürlich traue ich mir das Altwerden zu. Bin ja schon kräftig dabei. Und das eine schließt das andere naturgemäß nicht aus. Man kann auch mit rosigen Wangen alt werden.

Es geht doch auch ohne Hilfsmittel, und zwar ganz wunderbar! Habe ich erst kürzlich in der Brigitte gesehen. Gleich eine ganze Frauengalerie …

Antwort: Ach, du naives Schäfchen! Das habe ich auch gesehen: „Botox und Schönheits-Operationen? Nicht für diese Ladies! Wir zeigen Stars, die in Würde altern“, stand da und dann sieht man Frauen wie Vanessa Redgrave, Susan Sarandon und Meryl Streep. Klar, die sehen nicht aus wie 35 – aber fällt dir nicht auf, wie glatt die Konturen sind? Und die Stirn? Und wie erstaunlich weich und rosig die Wangen? Mir gefällt das – aber es ist eben auch „gemacht". Da würde ich einiges drauf verwetten.

Denkst du auch mal daran, dass wir hier einen ziemlich unlauteren Wettbewerb haben? Was ist mit Frauen, die sich gerade mal Nivea leisten können?

Antwort: Und was ist mit denen, die nur bei kik oder C&A einkaufen können? Hast du für die schon mal auf eines deiner Kleidungsstücke verzichtet? Hast du deine Jeans bei Aldi gekauft und die Differenz zur Levis gespendet? Nein. Du kaufst einfach munter weiter hoch- oder mittelpreisig ein. Gönn ich dir. Ebenso wie anderen Frauen das Entschlacken in Oberstaufen. Kostet auch ein bisschen was. Wieso soll die soziale Schere ausgerechnet an Faltenfillern geschärft werden?

Ganz schön zynisch!

Antwort: Nein, es ist auch eine Frage der Prioritäten. Ich habe mich eben gegen die Aura-Soma-Grundausstattung für 2000 Euro entschieden und auch gegen die NLP-Practitioner-Ausbildung für 1800 Euro. Und übrigens auch gegen die Designer-Küche für 45 000 Euro (nur mal so theoretisch – praktisch wäre sie mir auch zu teuer gewesen). Du könntest dich übrigens auch mal bei mir bedanken ...

Wieso?

Antwort: Na, ohne Frauen wie mich würdest du nicht auf so einem hohen Ross sitzen.

Läuft eigentlich das Mikro noch?

Antwort: Wieso?

Sag erst, dass es aus ist.

Antwort: Ja, es ist aus.

Sicher?

Antwort: Sicher!

Siehst du, hier am Kinn, das hängt ja ganz schön. Was denkst du – wäre es sehr teuer, das irgendwie verschwinden zu lassen?

Versuch macht klug (und glatt)

Noch auf dem Parkplatz der Rosenpark Klinik überlegen wir, ob wir das wirklich machen wollen. Ist es nicht ziemlich beschämend, sich ohne Not Spritzen geben zu lassen? Sollte nicht überhaupt alles medizinische Know-how in moralisch total Einwandfreies wie Heilung oder Schmerzlinderung fließen? Sind wir nicht gerade das, was wir niemals sein wollten: total oberflächliche Schnepfen? Liegt unser Problem nicht ganz woanders, nämlich dort, wo sowieso keine Spritze irgendetwas ausrichten kann?

Andererseits: Warum machen wir eigentlich so eine große Sache daraus? Wir sind ja gerade deshalb hier, weil es das längst nicht mehr ist. Wir haben jetzt einfach die Möglichkeit, etwas mehr für die Haut zu tun – so wie vor vielen, vielen Jahren die Dauerwelle das Frisurenrepertoire der Glatthaarigen revolutionierte. Wir wollen es wenigstens einmal probiert haben, worüber alle reden und was angeblich ja niemand tut. Gerade weil wir skeptisch sind, sollten wir wissen, worüber wir sprechen und schreiben.

Dr. Sattler und eine OP-Schwester stehen bereit. Und nein, wir haben keine Angst. Es ist ja nicht so, als wäre das hier die erste Mondlandung. Fast 200 000 so genannte Lunchtime-Eingriffe, also Faltenbehandlungen oder das Aufspritzen der Lippen, werden jährlich allein in Deutschland durchgeführt. 2004 waren es noch bloß 35 000. Und wir sind glücklicherweise bei einem der Besten seines Fachs.

Vermutlich ist sogar Tretrollerfahren gefährlicher. Trotzdem denke ich angesichts des Spritzenarsenals, das bereitliegt: Ich hatte schon erfreulichere Abendtermine.

Dr. Sattler legt gleich los, zieht eine Spritze mit einer sehr, sehr feinen Nadel auf und fängt an. Schon bald höre ich auf zu zählen. Es sind wirklich sehr viele Pikser, die er auf der Stirn, rund um die Augen und in die Wangen setzt. Zum einen Teil Botulinumtoxin, zum anderen Hyaluronsäure. Aber ehrlich gesagt: Das hier ist – noch – wie eine wirklich gründliche Zahnreinigung. Nur die Behandlung um die Mundwinkel fühlt sich verdammt so an, als würde da eine Polsterstopfnadel Amok laufen. „Ja, ich weiß, das ist nicht schön", tröstet Dr. Sattler. Und dass in den Spritzen auch ein wenig Lidocain sei, ein Mittel zur lokalen Betäubung, fügt er hinzu. Sonst wäre das hier wohl kaum auszuhalten. Kurz überlege ich, dass ich es ja irgendwie schon verdient habe – Werschönseinwillmussleiden! Und dass ich mir das Jammern gefälligst zu verkneifen habe. Das hier ist ja kein Unfall, sondern eine völlig freiwillige Angelegenheit. Ich dachte allerdings nach der so wohlwollenden Begutachtung beim letzten Besuch nicht, dass dermaßen viele Pikser nötig sein würden. Aber Dr. Sattler beruhigt mich. Es fühle sich nur nach einer Menge an. In Wirklichkeit benötigt er angeblich sehr viel weniger „Material" als üblich.

Jetzt holt er eine Art Mini-Bolzenschussgerät hervor. Eine Spritze quasi gepaart mit einem Tacker. Ein Gerät, das dafür sorgt, dass die Spritze die immer genau gleiche Menge an Füllstoff abgibt. Ein Portionierer also. Mit diesem martialischen Teil bearbeitet er meine Raucherfalten rund um die Oberlippe. (Die Leiden beim Waxing sind eben gerade auf Platz zwei gerückt.) Nach einer guten halben Stunde bin ich fertig. Die große Überraschung: Man sieht sofort ein bisschen was. Es ist, als würde sich meine Wange von ihrem Ruhelager erheben und hätte schon ein paar große Schritte in Richtung frische Rosigkeit gemacht. Wenn das so rasant weitergeht, werde ich vermutlich morgen wie ein Hamster mit Mumps aussehen. Aber Dr. Sattler beruhigt mich. „Niemand wird etwas merken!" Und: „Alles wird gut!"

Bye-bye Hängebäckchen

Jetzt kommt Constanze dran. Raucherfalten hat sie kaum und fast keine Falten auf der Stirn. Dafür wird rund um die Augen mehr injiziert. Jeder runzelt, wo er kann. Es ist beim Zuschauen direkt zu sehen, wie sich die unter dem Auge eingesunkene Haut anheben kann. Jahrelang haben wir gecremt und ihr mehr als gut zugeredet, und kaum kommt ein Herr Sattler mit der Tower- und Depottechnik, macht sie, was wir schon immer wollten. Das Leben ist halt nicht gerecht. Constanze bekommt eine sehr dicke Nadel in den Bereich der Hängebäckchen (schön, die „Polsternadel" mal aus dieser Perspektive zu sehen). Dafür bleibt ihr der Tacker erspart.

Ich bin absolut fasziniert. Denn ich liebe medizinische Eingriffe. Vor allem bei anderen. Und ich sehe sie mir gern an. Ich könnte mühelos Chirurgenstalkerin werden. Aber alles Schöne hat mal ein Ende. Nach einer halben Stunde ist auch Constanze fertig behandelt. Auch bei ihr hat sich sofort das Gewebe um die Augen angehoben, es wirkt strahlender und praller.

Nein, das wird hier keine Shoppingkanal-Lobhudelei. Wir waren durchaus angemessen skeptisch vor der Behandlung. Aber unsere Haut ist tatsächlich und sichtbar schon nach ein paar Minuten besser durchfeuchtet. Auf dem Heimweg fühlen wir uns allerdings auch ein wenig, als hätten wir uns mit einer Drahtbürste im Gesicht verlaufen. Würden beide am liebsten ständig in den Spiegel gucken. Nach all der Aufregung gehen wir auf ein Beruhigungsschlückchen in die nächste Kneipe. So innig haben wir uns noch nie gegenseitig angestarrt. Jeder zweite Satz lautet: „Sieht man schon was?" Wir erwarten minütlich eine Beauty-Explosion. Als hätte eine gute Fee ihren Zauberstab in Stellung gebracht. Haben aber Sorge, dass auch die anderen Kneipenbesucher anfangen uns anzustarren. Nach-

dem ich Constanze abgesetzt habe, überlege ich, ob der angekündigte Glow in meinem Gesicht wohl jetzt schon ausreicht, um die Leselampe nachher auszulassen.
Am nächsten Morgen ist alles anders. Ich sehe aus wie eine Cousine von Daisy Duck. Meine Oberlippe, normalerweise ein Körperteil, das sich sehr vornehm zurückhält, hat sich aus der Deckung gewagt. Ich habe einen herzförmigen Bogen und mein Gesicht schimmert tatsächlich. Allerdings hat der Glow eine leicht lila Färbung. Ich habe von jeher einen Hang zu blauen Flecken, und der nutzt nun die Gelegenheit weidlich. Es könnte auch ein Treppensturz oder ein verlorener Boxkampf gewesen sein. Mache sofort ein Selfie und schicke es Constanze. Das Haus werde ich heute nicht verlassen können, außer wenn es eine spontane Sonnenfinsternis gäbe.
Constanze ist bei ihrem Vater. Sie hat keine blauen Flecken, musste ihrem Vater aber erklären, warum ihr Gesicht so verschwollen aussieht. Sie redet sich mit Zahnproblemen raus. Eine Notlüge, die bei ihrem Mann allerdings nicht funktioniert. Die Spritzen haben an ein paar Einstichstellen nun doch bläuliche Spuren hinterlassen. Constanze beschließt, die Wahrheit zu sagen, schließlich war es nur ein bisschen Füllstoff und nicht etwa Heroin. Begeistert ist er nicht, ihr Mann. „Das hast du doch gar nicht nötig!", sagt er. Aber letztlich auch nicht mehr. Denn offensichtlich hat sich seine Frau nicht in eine Fremde verwandelt. Damit hat sich ein Versprechen von Dr. Sattler schon mal erfüllt.
Nun muss ich leider doch das Haus verlassen. Ich brauche ein neues Make-up. Meine normale getönte Tagescreme ist mit den blauen Flecken heillos überfordert. Da muss härterer Stoff her. Camouflage-Make-up. Damit kann man sogar Blutschwämme, Tattoos und Ähnliches komplett abdecken. Mein Ex merkt gar nichts. (Nein, das war nicht der Grund für die Trennung!) Mein

Sohn ist irgendwie irritiert. „Was ist mit deinen Wangen?", fragt er. Ich beichte. Er findet es blöd. Wär mir auch so gegangen – mit 15.

Alles so schön bunt hier

Ich sehe jetzt schon morgens aus wie Harald Glööckler nachmittags. Schön angemalt. Das Lila wird mit den Tagen blau und grünlich. Natürlich denkt man, man läuft mit einem riesigen Banner herum, auf dem steht: „Ja, ich habe gesündigt! Nein, ich werde nicht geschlagen!" Ich denke mir dauernd Ausreden aus, falls jemand doch fragt: „Was hast du da eigentlich?" Von der schlimmen Zahnbehandlung bis hin zum exzessiven Peeling wäre ich gewappnet. Aber niemand merkt etwas. Irgendwie beruhigt es mich. Das ist schon verrückt. Natürlich will man die Verbesserung. Auch eine durchaus offensichtliche. Doch auf keinen Fall sollen andere sehen, *warum* man so aussieht, wie man aussieht.

Etwa zehn Tage lang probiert mein Gesicht neue Farbkombinationen, um sich dann endlich für den lang ersehnten Glow zu entscheiden. Ich sehe nicht anders aus. Aber irgendwie viel besser. Strahlender. Frischer. Im Bereich meiner Möglichkeiten natürlich. Mund, Nase und Augen sind geblieben, wie sie sind. Die Hautstruktur aber ist viel feiner und das Gecrinkel um den Mund deutlich reduziert. Die Haut wirkt wie unterfüttert. Mit ganz herrlichen Dingen. Feuchtigkeit, Sauerstoff, Vitamine. Sie macht den Eindruck, als würde sie beständig weiterarbeiten, fast so, als wäre sie auf einem Motivations-Intensivseminar gewesen und der Klassenstreber. Da ist er also, der „Volumenaufbau". Schon sehr beeindruckend.

Treffe mich mit Constanze, damit wir uns gegenseitig knallhart beäugen können. Das Erstaunliche: Man sieht viel und nichts.

Und man sieht mehr beim anderen als bei sich selbst. Dafür also hat Dr. Sattler die Vorher-Fotos gemacht. Um die Beweislage zu stützen. Constanzes „Tränenrinnen“ sind weg, diese eingesunkenen Partien auf den Wangen. Überhaupt hat die „Volumentherapie“ ganze Arbeit geleistet. Die Augen wirken größer. Ihre Mundwinkel haben sich gehoben, die Nasolabialfalte ist irgendwie glatter und auch die Hängebäckchen sind nicht unbeeindruckt von dem Ganzen. Ihre Haut ist ganz zart. Bei mir ist die Zornesfalte zwischen den Augen fast verschwunden. Die Stirn hat aber noch ausreichend Falten in höheren Regionen, um völlig unverdächtig zu wirken. Meine Wangen, sagt Constanze, seien wie bei einem jungen Mädchen. (Sie hat allerdings schon zwei Gläschen Wein intus!) Auch mein Hautrelief ist viel zarter und die Konturen wirken straffer.

Jenseits von Nivea

Die ersten Abende in anderer Gesellschaft sind dennoch merklich angespannter. Man fühlt sich ein bisschen wie in dem Nudelsketch von Loriot. Wie der mit der Nudel im Gesicht. Die werden es sehen, denkt man. Warum sagen sie nichts? Kommt das Gespräch zufällig auf Eingriffe dieser Art, wechselt man rasch das Thema. Und das Verrückte: So wie die Welt plötzlich voller Schwangerer ist, sobald man selbst ein Kind erwartet, scheint sie nun voller Frauen zu sein, die auch deutlich mehr als bloß Wasser und Nivea an ihre Haut gelassen haben. Wir könnten ab sofort als Botox-Hyaluron-Spürhunde arbeiten. Dauernd sehen wir erstaunlich glatte Stirnen und superzarte Wangen, dort, wo eigentlich – wie Dr. Sattler sich ausdrückt – längst „unruhige Schattigkeit“ herrschen müsste. Zwei, drei Freundinnen wollen wissen, welche Creme wir aktuell benutzen. Um sie vor Fehlkäufen und zu großer Ernüchterung zu schützen, sagen wir die Wahrheit. Entsetzen und Interesse halten sich die Waage. Aber noch ist unser Experiment nicht abgeschlossen. Es wurden ja erst die „Grundsteine" gelegt. Noch sind wir „Work in progress!"

Glatt gelaufen

Gut zwei Monate später sind wir wieder bei Dr. Sattler. Es werden Nachher-Fotos gemacht. Jetzt sieht man erst mal richtig, wie viel sich tatsächlich getan hat. Ganz ohne größeren Eingriff und Skalpell. Wir sind wir geblieben. Da ist nichts, was irgendwie fremd wirkt oder nicht altersgemäß. Wir sehen entschieden frischer und deutlich wohler aus. Unsere Haut ist nun sichtlich hochaktiv. Was noch fehlt, ist ein weiterer Motivationsschub und etwas Feintuning. Bei Constanze bekommen Kinn- und Wangen-Partie einen kleinen Hyaluron-Tritt in den Hintern. Dr. Sattler setzt noch einige Pikser unter ihren Augen. Bei mir werden noch einmal Oberlippenpartie und Kinn traktiert. Auch seitlich der Augen gibt es noch Spritzen. Meine ärgste Stirnfalte bekommt ebenfalls ein wenig Hyaluron – sie verschwindet nicht, aber jetzt kann man nicht mehr ganze Aktenordner in ihr unterbringen, sondern allenfalls noch ein paar Merkzettel. Damit ist auch mein liebstes Vorurteil vom Tisch: dass man ein „gemachtes" Gesicht immer an einer starren und unbeweglichen Stirn erkennt. Es gibt sie natürlich, die von Botox komplett vereisten Stirnen. Aber nicht jede Stirn, die ordentlich Mimik hat, ist deshalb naturbelassen. Das kann einen schon ein wenig verwirren.
Fürs Erste war's das. Nun würde – sagt Dr. Sattler – eine Nachbehandlung pro Jahr ausreichen. Irgendwann sei es sogar so weit, dass Haut und Gewebe final in Schwung gebracht sind und freiwillig weiterarbeiten. Vermutlich aus Angst vor den Spritzen.

Diesmal – so glauben wir – werden wir keine Ausreden brauchen. Wie man sich doch irren kann. Gerechterweise hat Constanze jetzt alle Nuancen von Blau rund um ihre Augen. Sieht aus, als hätte sie den Lidschatten falsch rum aufgetragen. Smokey Eyes unter den Augen! Man könnte eine Sonnenbrille aufsetzen. Wenn es nicht Februar wäre und sehr trübe. Wir sind mitten im Fasching und ihr Panda-Kostüm ist somit fast fertig. Sie wird ein Pandabär mit fantastischen Konturen sein. Vor allem im Profil sieht man, was da Großes passiert ist, ohne dass groß etwas passiert wäre. Es grenzt schon fast an ein Wunder, dass so viel Effekt rund ums Kinn mit so relativ wenig Einsatz möglich ist. Die Hängebäckchen sind komplett verschwunden. Meine Stirn dagegen ist eine neue Attraktion: Sie kann sich am nächsten Tag um einen Spitzenplatz auf der Liste der weltweit berühmtesten Reliefs – gleich hinter dem Gigantenfries des Pergamonaltars – bewerben. Immerhin: Die Lippe ist dieses Mal nur ein wenig und auch nur zur Hälfte geschwollen. Meine Schläfen sind nicht grau, sondern blau.
Auch jetzt dauert es etwa zehn Tage, bis ich kein Camouflage-Make-up mehr brauche. Aber: Niemand fragt danach, was eigentlich unter meinem Haaransatz los ist. Und obwohl Constanze die ganze Zeit wirklich hübsche Veilchen hat, die nie ganz unter dem Make-up verschwinden, wird sie nur einmal darauf angesprochen. „Ich habe ganze Abende mit Freundinnen im Einzelgespräch verbracht, die mir direkt gegenüber saßen und nichts bemerkten."
Auch jetzt wieder zeigt sich nach einer Weile: Das Ergebnis ist toll. Es hat sich bezahlt gemacht, zu einem ausgewiesenen Experten gegangen zu sein. Denn auch diese „niedrigschwelligen" Angebote sind bisweilen mit einigen Risiken verbunden. Wir lesen im Internet von den unterschiedlichsten Erfahrungen. Einige von den schlechteren haben die Betroffenen offenbar

bei selbst ernannten Experten gesammelt und mit Stoffen, die „günstig aus dem Ausland“ importiert wurden. Wir haben nun selbst erlebt, wie wichtig einiges medizinische Wissen ist. Und niemals würden wir tun, was eine Freundin regelmäßig macht: Sie lässt sich von ihrer Kosmetikerin Hyaluronsäure spritzen. Sollte die nicht im Nebenberuf noch Heilpraktikerin sein, wäre ihr das Spritzen ohnehin verboten. Und selbst wenn nicht: Das würden wir uns nicht trauen. Egal, wie viel man dabei sparen kann. Gerade wenn einem etwas unter die Haut geht, muss schon ein ausgewiesener Experte wie Gerhard Sattler ran.
„Sag mal, warst du in Urlaub?“, fragt mich eine Woche später eine Kollegin. „Du siehst fantastisch aus!“ „Ich habe etwas machen lassen!“, sage ich wahrheitsgemäß. „Du bist ja wieder mal gut drauf!“, meint sie. Und dann – etwas verunsichert: „Das war doch wohl ein Witz? Oder etwa nicht?“

Augen auf bei der Faltenbehandlung

In Deutschland darf jeder approbierte Arzt unabhängig von seiner eigentlichen Facharztausbildung Füllsubstanzen wie Hyaluronsäure spritzen. Also auch Orthopäden oder Urologen. Häufig fehlt den nicht auf Faltenbehandlung spezialisierten Fachärzten aber gerade das für diese Behandlung notwendige Know-how, die praktische Erfahrung. Auch Heilpraktikern ist es gestattet, Hyaluronsäure zu injizieren, allerdings dürfen von ihnen keine rezeptpflichtigen Medikamente verabreicht werden, folglich auch kein Botulinumtoxin. Das nur als Info. Falls Ihnen Ihre Heilprakterin dringend von Botox abrät. Kosmetikerinnen ist das Injizieren – von Hyaluronsäure genauso wie von Botulinumtoxin – per Gesetz grundsätzlich untersagt.

Entschleunigt altern

Interview mit dem Dermatologen Dr. med. Gerhard Sattler, der gemeinsam mit seiner Frau Sonja, ebenfalls Ärztin, die Rosenpark Klinik in Darmstadt leitet. Er ist Gründungsmitglied der Deutschen Gesellschaft für Dermatochirurgie (DGDC), ist Mitglied in zahlreichen Fachgesellschaften und hält international als Experte in Sachen Ästhetik Vorträge.

Man stellt sich vor, dass nur sehr, sehr reiche Müßiggänger oder hysterische Beautys zu Ihnen kommen, die nichts weiter zu tun haben, als sich über diese winzige Falte rechts oben zu grämen, die außer ihnen keiner sieht.

Antwort: Das ist völlig falsch. Man kann meine Klienten sowieso nur schwer auf einen Nenner bringen. Es sind junge und auch solche, die weit über 70 Jahre alt sind. Männer und Frauen. Aus allen Bereichen. Was sie noch am ehesten eint: dass es ihnen gar nicht darum geht, ganz anders auszusehen oder ewig jung zu bleiben. Sie wollen einfach wacher, fitter, frischer wirken. Die Haut soll neue Elastizität, Feuchtigkeit, Spannkraft und mehr Volumen erhalten.

Das ist ja schon eine ziemlich lange To-do-Liste. Jedenfalls für unsere über 50-jährige Haut. Die ist ja jetzt schon total müde, so wie sie aussieht, und hat offenbar vor, sich zunehmend ganz aus ihrem aktiven Berufsleben zurückzuziehen.

Antwort: Dabei braucht man sie nur wieder etwas zu motivieren. Das ist ja das Erstaunliche an den neuen Verfahren: Sie aktivieren das Gewebe. Anders als bei einem Facelift, bei dem ja etwas weggenommen wird, bauen wir durch Regeneration von Gewebe etwas auf. Das Fett ist ja noch da. Es hat nur keine Feuchtigkeit und wirkt deshalb wie eingefallen.

Und jetzt kommen Sie und wecken es auf? Wie verläuft so ein Dornröschenkuss?

Antwort: Dafür gibt es ein paar erstaunliche Möglichkeiten. Erstaunlich deshalb, weil wir heute damit fast mehr erreichen können als mit einem aufwendigen Facelift. Das liegt an den verbesserten Materialien, vor allem aber auch an den neuen Injektionstechniken. Mit jeweils besonderen Methoden, den Filler zu verteilen oder ein Depot zu setzen, können wir heute zum Beispiel einen Volumenaufbau ermöglichen, der praktisch sofort sichtbar ist und sogar nachhaltig wirkt. Das heißt, die Haut arbeitet nach der Behandlung selbstständig weiter und baut Feuchtigkeit auf.

Was ist das für ein Stoff, der da zum Einsatz kommt?

Antwort: Hyaluronsäure. Das ist eine feuchtigkeitsbindende Zuckerverbindung, die natürlich im Körper vorkommt. Je nachdem, wie man sie injiziert, kann man die Mundwinkel damit anheben, die Wangen aufbauen und das Jochbein, Zornesfalten glätten, das Kinn modellieren und die Haut insgesamt glätten. Bei Schlupflidern kann man die Augenbrauen damit sogar so anheben, dass man sich etwa eine Lidstraffung erspart.

Und was ist mit Botox? Ist das aus dem Rennen?

Antwort: Botox ist seit seiner Zulassung 2002 für uns so essenziell wie die Farbe für den Maler. Um die Muskeln etwa auf der Stirn zu entspannen und so gleichzeitig dafür zu sorgen, dass sich schon bestehende Falten glätten und neue gar nicht erst entstehen. Der „mimische Stress", wie wir es nennen, entfällt und die Haut sieht entspannter und jünger aus.

Botox ist ein sehr gutes Beispiel für die Ängste, die das ganze Thema begleiten. Oft hört man, das sei doch pures Gift und womöglich gefährlich.

Antwort: Ob ein Stoff giftig ist oder nicht, hängt allein von der Dosis ab. Der Wirkstoff Botulinumtoxin wird in der Ästhetik in so geringen Mengen gespritzt, dass die Muskeln vollkommen ungefährlich entspannt werden. Es wird darüberhinaus direkt am Injektionsort gebunden – der Wirkstoff gelangt nicht in den Stoffwechsel, die Wirkung bleibt auf die Injektionsstelle beschränkt. Botulinumtoxin ist außerdem ein Eiweißstoff, der vom Körper vollständig abgebaut wird. Wie übrigens auch Hyaluronsäure.

Es gibt da dieses Gerücht, wenn man mal damit angefangen hat, würde man immer weitermachen wollen.

Antwort: Das ist so nicht richtig. Natürlich lernt man, wie viel machbar ist. Und das ist meist mehr, als man sich vorstellt. Aber trotzdem werden nicht uferlos von derselben Klientin immer Behandlungen nachgefragt. Im Gegenteil. Bei der Gesichtsbehandlung werden die Intervalle sogar länger. Weil Hyaluronsäure die Haut aktiviert – also einen Prozess in Gang setzt, der zum Selbstläufer wird.

Gibt es nicht diesen typischen Beauty-Junkie, der immer mehr und immer radikalere Maßnahmen wünscht?

Antwort: Es gibt sicher Frauen, die noch mit der kleinsten Falte unglücklich sind. Auch und gerade die ganz Jungen. Aber darüber spreche ich dann mit meinen Klienten. 50 Prozent meiner Arbeit bestehen ja aus Psychologie. Die kommt meist schon zum Zuge, bevor man überhaupt anfängt.

Schicken Sie auch schon mal Klienten weg?

Antwort: Ja, das kann passieren. Wenn ich einen Wunsch für wirklich unsinnig halte. Oder wenn ich denke, dass etwas dahinter steckt, das mit einem Eingriff sicher nicht behoben sein wird. Zum Beispiel eine unglückliche Liebe. Oder wenn ich eine wirklich perfekte Frau vor mir habe, die mir sagt, sie sei so unglücklich, weil sie sich hässlich findet.

Sie machen immer Vorher-nachher-Fotos. Wozu?

Antwort: Zur Qualitätskontrolle auch und vor allem für den Klienten. Die meisten sind so happy mit ihrem Aussehen und das

Ergebnis wirkt so selbstverständlich und harmonisch, dass man gleich geneigt ist, anzunehmen, das müsste immer so gewesen sein. Das ist natürlich ein großes Kompliment für unsere Arbeit. Andererseits ist es für alle Beteiligten auch wichtig, zu sehen, wie immens die Unterschiede sind. Und das sind sie.

Was sagen Sie Leuten, die meinen, man könne das Altern sowieso nicht aufhalten?

Antwort: Die haben völlig recht. Der Begriff „Anti-Aging" führt deshalb auch in die falsche Richtung. Wir können den natürlichen Alterungsprozess ja nicht stoppen. Aber die moderne ästhetische Dermatologie kann mit ihren minimal-invasiven und non-invasiven Therapien den sichtbaren Alterungsprozess entschleunigen.

Das haben Sie sehr hübsch gesagt. Fast möchte man noch ein „OM" hinzufügen …

Antwort: Es entspricht einfach meiner Erfahrung und auch der meiner Patienten. Ich bin selbst immer noch überrascht, wie viel man mit vergleichsweise wenigen Mitteln erreichen kann. Eines aber ersetzt einem die Faltenbehandlung nicht: sich selbst um ein Leben zu kümmern, das einen glücklich macht. Das sage ich immer auch meinen Patienten. Aber ehrlich: Die überwiegend meisten haben das sowieso verstanden.

5

Sportexzesse, Harleys, Blondinen –

Der Mann und die Midlife-Crisis

Ein gemütlicher Abend bei Freunden. Wie immer mit dabei: Moritz, der Familienhund. Er kränkelt. Frauchen Marion erzählt, wie der Tierarzt sie erst gestern schonend auf das baldige Ende ihres Lieblings vorbereitet hat. „Das Alter. Er hat ja schon mehr geschafft als die meisten seiner Artgenossen." Klar sei sie traurig, „sehr sogar". Immerhin habe der Golden Retriever nicht nur sie und Klaus, ihren Mann, sondern auch die beiden Kinder durch ein gutes Stück Leben begleitet. Andererseits: „Endlich kein Gassigehen mehr. Keine mitternächtlichen Runden durch den Stadtteil. Nicht mehr überstürzt von Shopping-Touren oder Partys aufbrechen müssen, weil dem Hund sonst entweder die Blase platzt oder er in seiner Not auf den Teppich kackt. Und nicht dauernd die Diskussionen mit unseren Kindern, dass es enorm herzlos sei, Moritz in eine Hundepension zu geben. Wobei natürlich weder unser Sohn noch unsere Tochter ihn je für zwei Wochen zu sich genommen haben."

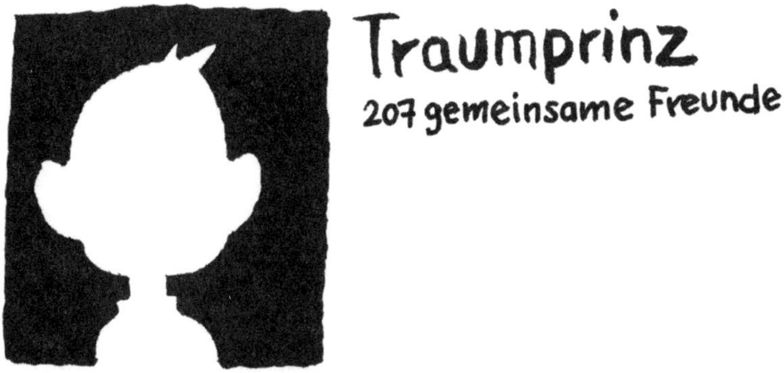

Bei allem Schmerz über den drohenden Verlust scheint Marion auch den süßen Duft von Freiheit und Aufbruch zu wittern. Nicht so Klaus. Der hat seine Frau während des ganzen Gesprächs mit zunehmendem Entsetzen angeschaut und wirkt

Mein Mann hat mich verlassen.

Ganz klassisch, für eine Jüngere. Er meint, er will noch etwas vom Leben haben. Ich liebe ihn trotz allem noch. Ich glaube, es ist nur eine Phase. Vielleicht braucht er das gerade. Soll ich auf ihn warten?

Anna, 56, aus Stuttgart

Dr. Herbst: Auf was genau? Dass er reumütig heimkommt? Dass er weiß, er kann Sie jederzeit für ein vermeintlich besseres Modell mal eben aufs Abstellgleis stellen und bei Bedarf wieder reanimieren? Wären Sie dann die für ihn, die Sie sein möchten? Kann sein, dass sich das Warten lohnt (fragen Sie Frau Seehofer). Aber ganz sicher lässt sich die Wartezeit sehr viel amüsanter als mit Grämen und Grübeln verbringen. Vielleicht stellen Sie ja nach ein paar Single-Monaten fest, dass Sie auch noch eine Menge vom Leben haben können. Darauf würde ich sogar wetten.

nun, als wäre er mit Kim Jong-un verheiratet. „Wie kannst du nur?!“, regt er sich auf. Und: „Noch ist Moritz nicht gestorben! Der wird mich noch in ein paar Jahren auf meinen Spaziergängen durch die Lüneburger Heide begleiten!“ Fast habe ich den Eindruck, er fängt gleich an zu heulen, und ich frage mich, ob das wirklich derselbe Mann ist, der noch vor ein paar Jahren nur Verachtung übrig hatte für „Bambi-Verleihungs-Weiner" und „Teletubbie-Zurückwinker". Ist er wie weiland Obelix in den Zaubertrank in Weichspüler gefallen?

„Er hat Angst vor dem Tod", erzählt Marion später in der Küche. Und dass Klaus sich irgendwie mit Moritz identifizieren würde. „Kann ich ja verstehen. Man lebt so, als müsste immer alles gleich bleiben. Wie in einem Gemälde, wo alles seinen festen Platz hat. Wenn da plötzlich einer geht, das wirft alles durcheinander." Und wieso Lüneburger Heide? „Mein Gatte möchte sein Restleben möglichst bald auf einem kleinen Hof in einem Dorf da irgendwo in der Pampa beginnen." Marion lacht, aber man merkt, dass da irgendwas ganz und gar nicht mehr lustig ist. „Mann, ich bin Mitte 50. Gerade sind die Kinder aus dem Gröbsten raus. Ich arbeite wieder halbtags. Der Job macht mir Spaß. Wir hätten nun locker ausreichend Geld und Gelegenheit, um uns hier in der Stadt mit unseren Freunden ein puppenlustiges Leben zu machen. Ausgehen, Reisen, Theater, Museen. Und wenn es mal eng wird, sind gleich mehrere Kliniken in der Nähe und nicht etwa eine Tagesreise entfernt. Aber wovon träumt mein Gatte? Von einem Kaff jenseits jedweder zivilisatorischer Errungenschaften wie Cafés, Restaurants, Theater, Kinos und fachärztlicher Versorgung, in dem ein Auftritt der drei Letztplatzierten von DSDS in der örtlichen Gemeindehalle schon das Highlight des Jahres darstellt." „Da tust du dem Norden aber ganz schön unrecht", wendet eine Freundin ein. „Die haben da nämlich wirklich prima Nagelstudios!"

Männer auf Abwegen

Midlife-Crisis nennt es sich, wenn Männer aus dem Tritt kommen. Das klingt zwar deutlich glamouröser als „Menopause" oder „Wechseljahre", mehr nach Harleys, Lederjacken und aufregenden Blondinen als nach durchgeschwitzten Pyjamas, Bandscheibenvorfällen und Arthrose in den Knien, ändert aber nichts daran, dass die Herren der Schöpfung jetzt manchmal ebenso durch den Wind sind wie wir. Wenn nicht sogar noch ein wenig mehr. Jedenfalls ergibt eine Bestandsaufnahme aus dem Nahumfeld bizarre Entwicklungen: Männer, die vorher nicht mal einen Staubsauger bedienen konnten und Fettränder am Schinken eklig fanden, wollen nun plötzlich Ruinen im südfranzösischen Hinterland restaurieren, Wein und/oder Oliven anbauen und mit ihren eigenen Händen Hühner schlachten. Dieter möchte jetzt bitte Max heißen. Vermutlich weil das flotter klingt. Manche dagegen haben mit „flott" offenbar abgeschlossen und ziehen sich auf ihr Sofa zurück, um dort reglos wie eine Koralle auf den Rentenbescheid zu warten. Und weil die Devise auch jetzt noch lautet „Wo ein Mann ist, da ist auch ein Extrem", beginnen einige wiederum so exzessiv Sport zu treiben, dass man sich am besten schon mal den Ordner mit all den Versicherungen erklären lässt. Nur so für den (Todes-)Fall. Gefühlt trainiert derzeit fast jeder zweite Mann über 50 in unserem Umfeld für irgendein ehrgeiziges sportliches Ziel: einen Marathon, eine Bergbesteigung oder gar, wie Volker, 51, für den ersten Triathlon seines Lebens. „Das Schlimmste", sagt seine Frau, „ist nicht mal, dass er ständig unterwegs ist oder dass wir unsere Urlaubsziele seit zwei Jahren nach seinen Trainingsmöglichkeiten wählen. Und ich kann dir sagen, es sind nicht die schönsten Plätze der Erde, an denen man gleichzeitig gut radeln, schwimmen und laufen kann. Das Schlimmste ist, dass ich neben ihm jetzt wie eine fette Matrone aussehe."

Ja, auch Männer kriseln. Dass sie überhaupt Ähnliches durchleben wie wir Frauen, war lange Zeit ein mindestens ebenso gut gehütetes Geheimnis wie das Coca-Cola-Rezept. So sagte eines Tages der Vater feierlich zu seinem Sohn: „Jetzt bist du endlich alt genug, um das größte Geheimnis überhaupt zu erfahren. Aber nicht hier, wo deine Mutter zuhört." Dann gingen beide vor die Tür. Sie liefen und liefen bis weit vor die Tore der Stadt und machten erst halt, nachdem ganz sicher war, dass keine Frau sie belauschen konnte. Schließlich beugte sich der Vater zum Sohn und raunte ihm ins Ohr: „Pass gut auf. Jetzt bist du noch stark. Aber irgendwann, wenn du über 40 bist, dann wirst du anfangen, schwächer zu werden. Du wirst dauernd müde sein, deine Muskelkraft und dein Sehvermögen verlieren und dein Haar. In deinem Büro werden dir plötzlich Jüngere den Job erklären, den du schon seit 30 Jahren machst. Beim Treppensteigen sticht es plötzlich im Knie oder im Rücken oder gleich überall und du brauchst bloß ‚Fußball' zu denken und schon hast du einen Muskelfaserriss. Manchmal redet deine Frau mit einer anderen über dich, als wärst du gar nicht da oder längst gestorben. Obwohl du direkt daneben sitzt. Aber du hörst in letzter Zeit ohnehin sehr schlecht. Deshalb wirst du nicht erfahren, weshalb beide so wissend lächeln. Denn ein Hörgerät wirst du dir auf keinen Fall anschaffen. Und nicht dass es auf mich zutrifft, aber angeblich kommt es dann durchaus häufiger vor, dass es beim Sex nicht mehr so klappt und man es lieber gleich ganz sein lässt. Weil man sich plötzlich nicht mal mehr auf seinen eigenen Penis verlassen kann und bevor man Sätze hören muss wie ‚Das ist doch kein Drama' oder ‚Kann schon mal passieren'. Manchmal sehe ich morgens im Badezimmerspiegel meinen alten Vater und möchte weinen. Noch vor dem ersten Kaffee. Das alles ist furchtbar. Niederschmetternd. Zutiefst deprimierend. Allerdings gibt es da etwas, das noch viel grauenhafter wäre: wenn je eine Frau von all dem erfahren würde! Denn, weißt du, mein Junge: Männer werden mit dem Alter immer besser. Und wer das Gegenteil behauptet, der lügt."

Offenbar hat da jemand nicht dichtgehalten. Schon Anfang des letzten Jahrtausends gab es da nämlich dieses Gerücht von einem „Klimakterium virile“. Damals wurde es allerdings lediglich als „Abnutzungserscheinung der Nerven“ diagnostiziert. Nicht viel später aber setzte sich dann doch die Idee durch, dass auch der Mann hormonell durch den Wind sein könnte. Dass er sich verändert, weil der Testosteronspiegel sinkt und damit der Östrogenanteil an Bedeutung gewinnt. Nicht auf einen Schlag, sondern eher so peu à peu.
Das männliche Pendant zur Menopause war entdeckt und wurde auf den Namen „Andropause“ getauft. Flugs wurde das „Low-T-Syndrom“ zur zweiten männlichen Pubertät erklärt und mit einem umfangreichen Symptomkatalog ausgestattet: Hitzewallungen, Nervosität, Schweißausbrüche, nachlassende Libido, Erektionsstörungen, Konzentrationsmangel, Gedächtnislücken und ein Bauch.

Erst die Lösung, dann das Problem

Ähnlichkeiten mit den vermeintlichen Krankheitsbildern der Wechseljahre sind dabei nicht zufällig. Was bei den Frauen schon so gut funktioniert hat, versuchte man nun auch bei den Männern: ganz normale Alterserscheinungen zum dringend behandlungsbedürftigen Problem zu erklären. Diese Phase des Umbruchs, in der im Leben so viel passiert und die man entsprechend eben auch als krisenhaft erlebt, zu pathologisieren. Bis heute. Kein Zufall, wenn die vermeintlichen Andropausen-Ausfallerscheinungen immer dort als besonders beängstigend beschrieben werden, wo man sein Geld mit der Produktion oder der Verschreibung einer Hormonersatztherapie verdient. Unschwer zu erkennen, wie da eine sehr gewinnträchtige Lösung um ein passendes Problem bettelt. Zumal wenn man sich dem Selbst-Check für die „Aging Males' Symptoms Rating Scale" unterzieht. Er wird oft von Pharma-Firmen angeboten, die entsprechende Testosteron-Präparate im Angebot haben. Gefragt wird etwa nach Gelenk- und Muskelbeschwerden, nach Schlafstörungen, nach Hitzewallungen, Stimmungsschwankungen und nach dem „Nachlassen der Tatkraft". Amüsiert schreibt der amerikanische Autor James Gorman in der New York Times, dass er mit 57 Jahren *natürlich* nicht mehr so fit sei, und beantwortet die Frage, ob er nach dem Abendbrot einschlafen würde, mit „Ja, manchmal sogar während des Essens". Seine Befürchtung: dass Männer es durchaus verlockend finden, mit einer Hormongabe immerhin so lange wach bleiben zu können, bis das Viagra wirkt. „Jetzt haben die Jungs ihre eigene behandelbare ‚Pause' und es ist nicht schwer, sich die Konsequenzen vorzustellen. Immer weniger Männer werden sich sagen: Einfach alt werden und am Ende vielleicht sogar sterben? Was soll das denn für ein Leben sein?"

Krankheitstotalverweigerer

Ein Leben, in dem der Versuch von Pharmafirmen, in Zusammenarbeit mit Ärzten einen überaus einträglichen Handlungsbedarf in die Welt zu setzen, allzu offensichtlich ist. Anders als Frauen, denen man lange sehr erfolgreich eingeredet hat, Wechseljahre seien ein Leiden, das es aus der Welt zu schaffen gilt, lässt sich der Mann allerdings nicht so einfach zur Hormonersatztherapie bringen. Er schwänzt ja meist bereits den ersten Schritt: zum Arzt zu gehen. Wozu auch? Männer fühlen sich ja immer gesund. Egal, was dagegen spricht. So wie Wolfgang Niedecken. Er wollte noch während seines Schlaganfalles die Rettungssanitäter wegschicken, die seine Frau gerufen hatte. Glück im Unglück: Der BAP-Sänger konnte ohnehin nicht mehr sprechen. „Es gibt eine Umfrage, in sieben verschiedenen Nationen, in sechs europäischen Ländern und den USA. Sie zeigt, dass rund 80 bis 90 Prozent der Männer zwischen dem 40. und 80. Lebensjahr der Meinung sind, dass sie gesund oder gar topgesund sind", so Dr. Frank Sommer, Professor für Männergesundheit am Universitätsklinikum Hamburg-Eppendorf. Aber: „Nimmt man die Krankenakten dieser Männer, stellt man fest, dass die Realität ganz anders aussieht: Bei vielen Männern lagen schon gesundheitliche Probleme vor."

Nein, so viel Ignoranz muss man wirklich nicht beklatschen. Aber es hat bisweilen Vorteile, wenn Männer nicht jedes Mittel für eine vermeintliche Krankheit, das man ihnen hinhält, auch im wahrsten Sinne des Wortes schlucken. Sicher gibt es Hormonmangelerscheinungen, die dringend therapiert gehören. Für alle anderen gilt, dass man sich die Testosterongabe besser spart. Sie soll nämlich das Risiko für Herz-Kreislauf-Erkrankungen deutlich erhöhen. So vermeldete etwa das „Deutsche Ärzteblatt" etwa, dass „eine randomisierte Studie zur Anwendung eines Testosteron-Gels aufgrund kardialer Komplikationen" abgebrochen werden musste. Umgekehrt sagt man dem im Alter sinkenden Testosteronspiegel nach, dass er das Herz schützt.

Testosteron – von Blockern und Boostern

Ohnehin setzt sich langsam die Erkenntnis durch, dass die wahren Testosteron-Profikiller nicht bei der Zahl der Geburtstage zu suchen sind, sondern im Lebensstil. Alkohol etwa lässt das Testosteron schneller sinken als der Eisberg die Titanic. Das gilt so ähnlich auch für Stress wie für ungesunde Ernährung mit der typischen Folge Bauchfett. Fettzellen verwandeln Testosteron nämlich in Östradiol, eine Form des Östrogens.

Ein Prozess, der den Bauch weiter wachsen lässt. Oder anders formuliert: Je weniger Testosteron, desto mehr Bauch. Manche Männer tragen da also nicht etwa ein Biergrab, sondern eine Weiblichkeitsfabrik vor sich her.
Sollten sie etwas daran ändern wollen, dass plötzlich auch sie bei Sissi-Filmen heulen: Mit viel Sport und gesunder Ernährung lässt sich so ein Testosteronspiegel wieder deutlich erhöhen (an dieser Stelle werden vermutlich nicht wenige sagen: „Dann lieber Brüste!“). Man kann aber auch einfach heiraten. Laut einer Studie leiden Single-Männer stärker unter Testosteronverlusten als Männer, die in einer Partnerschaft leben.
Wer allerdings weiß, dass Testosteron auch das Risikoverhalten steuert – und man etwa an der Wall Street oder bei notorischen Fremdgängern besonders viel davon findet –, schließt sich vermutlich der Meinung an, dass diese Welt ganz sicher nicht an einem Zuwenig des Männerhormons leidet. Mit ein Grund, weshalb der bayerische Kabarettist und Liedermacher Georg Ringsgwandl den Abschied vom Testosteron-High in den mittleren Jahren mit „Na, Gott sei Dank! Oder?“ kommentierte. Wie gut man etwaige Verluste verkraftet und wie sie sich auswirken, hängt allerdings wiederum von den hormonellen Ausgangsbedingungen ab. Wie die aussehen, lässt sich leicht herausfinden. Mit dem Fingerlängen-Verhältnis. Männer mit längerem Ringfinger als Zeigefinger haben vermutlich einen höheren Testosteronanteil, wie umgekehrt Männer mit einem im Verhältnis zum Zeigefinger kleineren Ringfinger mehr weibliche Anteile haben. Ein Zusammenhang, der sich der Tatsache verdankt, dass die Entwicklung der Finger und der Geschlechtsorgane vom selben Gen gesteuert werden.
Das alles erklärt aber nicht mal im Ansatz, weshalb manche Männer nun so seltsame Verhaltensweisen an den Tag legen. Das Problem ist nämlich weniger biologischer Natur. Es geht

dem Mann nunmehr um die ganz großen Fragen des Lebens. Solche wie: „War das schon alles?" „Was wird da noch kommen?" Und: „Sollte ich mir wie Jürgen Klopp nicht meine Geheimratsecken neu bepflanzen lassen?" Was Männer jetzt beschäftigt, beschrieb der Schriftsteller Jurek Becker einmal so: „In Wirklichkeit quält mich ja nicht, daß die Zahl der mir verbleibenden Jahre ständig abnimmt, sondern daß ich diese Jahre, wenn nichts Entscheidendes geschieht, auf eine so belanglose Weise verbringen werde... Alle Entscheidungen von Belang, die ich selbst zu treffen hatte, sind längst getroffen. Meine Ehe ist geschlossen, mein Beruf steht fest..." Die Aussicht, noch mal irgendwann „König der Welt" zu werden, geht nun gegen Null. Das kränkt. Und selbst die, die es längst bis zur Spitze geschafft haben, hadern nun mit sich. Auch bei ihnen ist vieles liegen geblieben: all die Träume von Selbstbestimmung, die stets auf „später" verschoben wurden. Sogar als Vater wird man kaum noch gebraucht. Das kann schon mal zu größeren Krisen führen.

Das Schweigen der Männer

Man könnte natürlich darüber reden. Frauen würden das. Sie würden sich einander öffnen, Beweinungsgruppen gründen, mal alles rauslassen. Ihr Innerstes nach Außen kehren. Sich umarmen, und wenn es ganz hart kommt, beim Therapeuten danach forschen, woher plötzlich all das Grau stammt, das da den Horizont verdüstert.

Aber Männer? Die können ja nicht mal nach dem Weg fragen – und jetzt sollen sie um Hilfe bitten? Einen anderen Mann womöglich? Nicht wenige halten es da für sehr viel effektiver, sich einfach eine Harley zu kaufen, um noch mal etwas Schwung ins Leben zu bringen. Eine bewährte Strategie. Tatsächlich werden die meisten Motorräder von Männern über 40 angeschafft. 37 Prozent der Neufahrzeugkunden sind zwischen 40 und 49 Jahre alt, 27 Prozent zwischen 50 und 59. Die über 60-Jährigen machen immerhin noch zehn Prozent des Fahrzeugabsatzes aus. Die männliche Interpretation des „Neubeginns“: Mit einem satten Motorgeräusch dem Sonnenuntergang davonfahren und sich dabei den frischen Duft von Freiheit und Abenteuer um die Nase wehen lassen. „Und vergiss nicht die jüngere Frau!“, mahnt eine Freundin. Sie sagt, dass es ihr gehörig stinkt, dass die Natur mal wieder den Kerlen den Vorzug gegeben hat. „Die können sich noch fortpflanzen, und wenn es wirklich das Letzte ist, was sie mit 84 Jahren tun, bevor sie aufs Sterbebett sinken! Während wir bis Anfang 40 alles erledigt haben müssen: Mann finden, der zum Vater taugt, schwanger werden, Kind oder besser noch zwei bekommen und trotzdem nicht im Beruf zum Schlusslicht werden. Und wenn es nicht klappt oder wenn die erste Runde nicht zur Zufriedenheit ausgefallen ist, dann haben wir eben Pech gehabt. Männer können einfach immer wieder von vorn anfangen.“ Als ob das so ein Zuckerschlecken wäre!

Das Nerven des Brian

Ich sage es wirklich nicht gern über einen Fünfjährigen. Aber Brian ist die Pest in Tüten. Ungebremst von seinen Eltern und gänzlich ungehemmt von jedweder Einschränkung aus dem Großraum „Erziehung“ tatscht das Kind auf fremder Leute Teller, versenkt seine mit Rotz glasierte Hand tief in meinem Wasserglas und zeigt mir dabei, wie Obstquark aussieht – nach einem längeren Aufenthalt in seiner Mundhöhle. Am liebsten würde ich ihn mitsamt seinen Eltern auf die Straße schicken. Außer Brian-Vater Dieter, Brian-Mama Julia und dem kleinen

Monster selbst möchten nämlich alle hier endlich sehr gern das ohnehin winzig kleine Zeitfensterchen zwischen Elternschaft und Großeltern-Dasein ohne Anwesenheit von Kleinkindern verbringen. Wir wollen rauchen, ohne dass sich eine Mutter aufführt, als würde man ihr Kind gerade mit Uran verstrahlen. Wir möchten unsere Weingläser unbeobachtet herumstehen lassen, ohne Furcht, ein Minderjähriger könnte hier unbemerkt eine Alkoholikerkarriere starten, und wir wollen über Dinge reden, für die er frühestens mit 30 alt genug sein wird.
Wir haben fast alle hier am Tisch Kinder und sind total froh, dass die ihre Abendunterhaltung mittlerweile allein gestalten. Aber Dieter musste sich ja unbedingt noch einmal fortpflanzen. Mit einer deutlich jüngeren Frau, die er beim Surfen kennengelernt hatte. Nun sitzt die späte Frucht seiner Lenden unter lauter mittelalten Menschen und findet uns mindestens so schrecklich wie wir ihn.
„Glücklich ist der auch nicht", hat mir meine Tischnachbarin eben zugeraunt. Und dass Dieter, freischaffender Ingenieur, gerade „ganz schön zu kämpfen" habe. Nicht nur mit der schwierigen Auftragslage, sondern auch mit dem Anspruch, ein engagierter Vater und emanzipierter Ehemann zu sein. Deshalb auch kein Babysitter. Dieter, 61, ist wie seine zweite Frau Julia, 37, der Meinung, dass man ja nicht deshalb Kinder bekomme, um sie dann „wegzuorganisieren". Auch darin möchte sich Julia von ihrer Vorgängerin unterscheiden, die ihre beiden längst erwachsenen Töchter lange in der Ganztagsbetreuung hatte. Deshalb bleibt Brian auch daheim. In der Obhut von Dieter, wenn Julia in die Werbeagentur geht, in der sie, ganztags übrigens, arbeitet. „Kein Problem", sagt Dieter und blinzelt aus müden Augen, während sein Sohn versucht, ihm Nudeln in die Nase zu stecken. „Ist im Moment ohnehin nicht so viel los in meinem Home-Office."

Die Spät-Entschlossenen

Es hat ja durchaus Vorteile, wenn einem die Natur Grenzen setzt. Wenn man weiß: Irgendwann ist definitiv Schluss mit der Reproduktion. Wenn man nicht ewig mit verschiedenen Optionen zu hadern oder eben auch zu kokettieren braucht. Oft, ohne sie dann letztlich wahrzunehmen. Und wer jetzt behauptet: Sehr schade um die Kinder, die nicht mehr geboren wären, hätte die Biologie auch Jean Pütz (letztes Kind mit 74) oder Anthony Quinn (letztes Kind mit 81) frühzeitig im wahrsten Sinne des Wortes den Hahn zugedreht – dem könnte man antworten: Vielleicht würden manche männlichen Dauerzögerer ja eher in die Puschen kommen, hätte auch ihr Fruchtbarkeitsladen strengere Öffnungszeiten. In der Talkshow „Nachtcafé" mit Wieland Backes im SWR wurde vor einiger Zeit der Journalist Matthias Franck, Autor des Buches „Spätzeuger", als Gast mit folgenden Worten vorgestellt: Er könnte schon längst „mehrfacher Vater sein, doch die Schwangerschaften früherer Freundinnen passten nie in sein Leben. Die Kinder wurden abgetrieben. Erst mit 61 Jahren fühlte er sich zur Vaterschaft berufen, und das mit voller Begeisterung." Ob er als alter Vater nicht fürchte, seine Tochter viel zu jung zur Zeugin seines Verfalls und Sterbens zu machen, wird er gefragt. Seine Antwort: „Ich könnte morgen tot sein ... weil ich von einem Auto umgefahren bin."

Sehr viel wahrscheinlicher aber ist, dass er bereits dann hinfällig wird, wenn seine Tochter noch einen Vater und keinen Pflegefall braucht. Ganz zu schweigen von anderen Risiken, denen Kinder später Väter ausgesetzt sind. Studien belegen, dass Krebserkrankungen, Diabetes und Herzfehler bei Kindern alter Väter deutlich häufiger auftreten. Und laut „Psychology Today" ist das Risiko einer 40-jährigen Frau, ein Kind mit Downsyndrom zu bekommen, ebenso hoch wie das eines 40-jährigen

Mannes, ein Kind mit Schizophrenie zu bekommen. Das ist keinesfalls hämisch gemeint. Es soll nur die Verhältnisse geraderücken. Denn auch das männliche Material wird nicht besser mit der Zeit und die vermeintlich unbegrenzte Zeugungskraft des Mannes ist oft bloß eine hochgefährliche Gen-Lotterie. Während die Eizellen einer Frau zusammen mit ihr altern, bilden sich die Keimzellen des Mannes immer wieder neu. Heißt: Dass sich die für die Spermienproduktion zuständigen Stammzellen immer wieder neu teilen müssen. Beim 50-jährigen Mann haben sie fast 1400 Teilungen hinter sich. Jede Einzelne davon bedeutet, dass Erbgut fehlerhaft kopiert und aufgeteilt werden kann.

Nein, wir müssen nicht neidisch sein auf die Männer, die praktisch noch alles vor sich haben könnten. Und wir sollten nicht fürchten, dass sie dies mit einer Jüngeren in die Tat umsetzen. Tatsächlich orientieren sich Männer in der zweiten Beziehungsrunde altersmäßig zwar eher nach unten. Aber sie wildern selten in der Tochter- oder gar Enkelgeneration. Die jüngere und deshalb natürlich reizvollere Frau, die flugs ihre French-manikürten Nägel nach dem Mann ausstreckt und den gemütlichen Angorawäscheträger in einen verbissenen Bergauf-Radfahrer verwandelt, ihn aus seinem wohlgeordneten Leben, seinen Skat- und Fußballterminen, von der Seite seiner Familie und aus dem Hobbykeller wegreißt, die ihn in Jeans und Lederjacke steckt, dafür sorgt, dass er die gemeinsamen Ersparnisse für Weltreisen, Penispumpe, Lidkorrektur und ein Cabrio ausgibt – sie ist kein spezielles Midlife-Crisis-Phänomen. Sie gehört in ein Milieu, in dem sich der alternde Macher die junge Frau wie die Mitgliedschaft im Golfclub, die Luxusuhr und den Alpharüden-Thron „Eins-A" in der Lufthansa-Business-Class als seinen Leistungsnachweis gönnt. Frei nach der Devise „Die hab ich mir verdient!". In den USA nennt man die Pokale mit den

langen Beinen, mit denen sich die älteren Herren gern selbst für außerordentliche Verdienste auszeichnen, deshalb auch „Trophy Wife". „An dem, was manche Frauen heiraten, kann man sehen, wie sie es hassen müssen, zu arbeiten!", beschrieb eine amerikanische Schauspielerin einmal solche Konstellationen. Die sind aber, wie gesagt, eher die Ausnahme als die Regel. Dass die sehr viel jüngere Frau eher eine Charakterfrage als ein typisches Phänomen der mittleren Jahre ist, bestätigt auch Professor Dr. Hans-Werner Wahl, Leiter der Abteilung für Psychologische Alternsforschung am Psychologischen Institut der Uni Heidelberg. Er kennt sich aus mit der Materie „alternder Mann". In einem Interview in der myself sagt er, sicher, es gebe Männer, „die gern immer wieder von vorn beginnen. Aber die sind glücklicherweise in der Minderheit, auch wenn sie etwa in den bunten Blättern überrepräsentiert sind." Er behauptet außerdem, dass Männer sehr viel konstruktiver mit den Anforderungen der mittleren Jahre umgehen, als wir Frauen es ihnen zutrauen. „Wir haben zum Beispiel in unserer Arbeit festgestellt, dass das Leistungsprinzip für sie (die Männer) an Bedeutung verliert. Sie nehmen es einfach nicht mehr so wichtig, investieren lieber mehr in Emotionalität, in soziale Beziehungen. Viele engagieren sich politisch oder auch sozial. Der Mann hat ein paar biographische Aufgaben erfüllt und nun werden die Prioritäten anders gesetzt. Da sind Frauen und Männer eigentlich gar nicht so verschieden und können sich dadurch noch einmal sehr nahe kommen."
Auch die Psychologin Prof. Dr. Alexandra Freund vom Psychologischen Institut der Universität Zürich kommt zu dem Schluss: „Die Realität sieht nicht so aus, dass mittelalte Männer ihre Verantwortung über Bord schmeißen, der Familie gegenüber, dem Beruf gegenüber. Sie geraten in keine besondere Sinnkrise. Das heißt natürlich nicht, dass es keine Probleme

gibt. Und selbstverständlich stellt man sich auch als mittelalter Mann Fragen wie: Was habe ich erreicht? Was will ich eigentlich? Aber das ist keine Krise, das ist ein ganz normaler Prozess, dem man sich über den gesamten Lebensverlauf hin immer wieder in unterschiedlicher Weise stellen muss."

Ohnehin gilt: Wer sowieso zum Jammern neigt, wird nicht ausgerechnet in der Mitte des Lebens zur Frohnatur mutieren. Er wird im Gegenteil die Gelegenheit nutzen, gerade jetzt eine Menge Munition für sein düsteres Weltbild zu sammeln. Umgekehrt werden stabile, extrovertierte, neugierige Gemüter vermutlich weiterhin stabil, extrovertiert und neugierig bleiben. Von der Sorte scheint es einige zu geben. Ein Bekannter, Inhaber eines Musikaliengeschäftes, erzählt, wie sich seit Neuestem die über 50-jährigen Männer im Laden die Klinke in die Hand geben. „Wir verkaufen fast mehr Gitarren an diese Altersgruppe als an die Jüngeren." „Daddy-Bands" nennt sich das Phänomen der angegrauten Freizeit-Mick-Jaggers. Aktueller Vertreter: Reinhold Beckmann, der gerade das Fernsehstudio gegen die Musikclubbühne getauscht hat, um mit seiner Band auf Tournee zu gehen.

Achtung! Denkrichtungswechsel

Es ist nicht das Alter, das unsere Persönlichkeit verändert. Eher ist es die Persönlichkeit, die darüber entscheidet, wie gut oder schlecht man mit dem Älterwerden fertig wird.

Männer wechseln anders

Auch Männer sind jetzt in Aufbruchstimmung. Dass sie dabei nicht unbedingt dieselbe Richtung einschlagen wie wir, ist möglicherweise das eigentliche Problem. Frauen – das ist nun mal so – beanspruchen zu gern für sich die Deutungshoheit darüber, was ein erfülltes Leben ausmacht. Es ist längst Common Sense, dass wir die Expertinnen sind für sinnstiftende Tätigkeiten, für Gesundheitsfürsorge, Psycho-Hygiene, Ordnung. Auch in Sachen Gefühlshaushalt. Gern erklären wir Männern, was ihnen guttun würde, oft ganz zufällig das, was auch uns gefällt: der Tanzkurs und eben nicht der Gitarrenunterricht. Die Studienreise und eben nicht der Ausflug mit den Harley-Kumpels. Das Wellness-Wochenende und eben nicht das Training für den Marathon. Den wenigsten Frauen ist klar, wie selbstherrlich sie in Männerwünsche hineinregieren und deren Leben mitbestimmen. „Klaus will sich einfach nicht weiterentwickeln!“, klagt etwa eine Kollegin und grämt sich nach Kräften, weil ihr Mann nicht an einer Familienaufstellung teilnehmen will und auch eine Klangmassage dankend ablehnt. „Wenn das so weitergeht, sehe ich für uns keine Zukunft mehr!“, sagt sie. Ohne auch nur einen Gedanken daran zu verschwenden, dass sie eine Teilnahme an dem, was ihm am Herzen liegt, nicht mal in Erwägung zieht. „Er will wandern! Ich bitte dich. So alt sind wir ja noch lange nicht!“

Frauen definieren in viel größerem Umfang das Leben der Männer, als ihnen bewusst ist. Immer mit der Haltung, dass es eben richtig ist, wo sie sind. Entsprechend stehen Männer viel mehr unter ihrem Einfluss, als Frauen sich das vorstellen. Das bestätigt auch eine befreundete Paartherapeutin. „Viele Männer sagen auch, dass ihre Frauen die Hoheit über die gemeinsame Freizeit haben und sie sich da ziemlich fremdbestimmt fühlen.“ Weshalb

sie nicht protestiert haben? Weil sie sich nicht trauen. Weil sie bequem und konfliktscheu sind, um nicht zu sagen: feige. Und manchmal einfach auch, weil sie nett sein wollen. Bis sie dann eines Morgens aufwachen und mal eben durchzählen, wie viel Zeit ihnen eigentlich noch bleibt – selbst bei günstiger Prognose. „Vielleicht noch sechs Fußballweltmeisterschaften!", denkt sich der Mann und wird ein wenig wehmütig. Nun wird es hektisch. Irgendwo müsste doch sein Lebenswunschprogramm noch herumliegen (wenn seine Frau es nicht wie seinen Lieblingspullover und das schwarze Stahlrohrledersofa klammheimlich entsorgt hat). Vielleicht beginnt er nun, seltsame Dinge zu tun – will allein verreisen, Italienisch lernen, einen Monat ohne sie in Rom verbringen. Möglicherweise schaut er sich in den Immobilienanzeigen nun die Angebote für sanierungsbedürftige Gutshöfe in Masuren an oder sucht im Internet nach Terminen für den nächsten Marathon, bestellt Nahrungsergänzungsmittel für den Leistungssportler, plant Gebirgstouren mit dem Mountainbike und beginnt überhaupt, nach diesem so unfassbar schönen Gefühl zu suchen, das er zuletzt 1985 hatte: dass noch alles drin ist in dieser großen Wundertüte des Lebens.
Man könnte das jetzt sehr befremdlich finden und dem Mann sauertöpfisch das unerlaubte Verlassen des so schön gemeinsam eingefahrenen Gleises vorwerfen. Man kann ihm aber auch Begleitung anbieten oder zumindest Verständnis. So schwer ist das gar nicht. Mein Schwiegervater hat sein Leben lang hart gearbeitet, war nie in Urlaub. Außer einmal an einem komplett verregneten Sonntag in Salzburg. „Bis der Bus wieder zurückfuhr, haben wir den ganzen Tag im Café verbracht", erzählte mir meine Schwiegermutter oft. „Später!", lautete die Durchhalteparole. Auch für den einen, seinen großen Traum: eine Reise nach Neuseeland. Er starb mit Anfang 60, ohne ihn sich erfüllt zu haben.

Ich finde, es ist eigentlich ein großes Glück, wenn Männer heute dieses „Später" für sich in „Jetzt" umdatieren. Und: dass es doch eine verdammt große Verantwortung wäre, sich zwischen sie und ihr Bedürfnis nach Freiheit und Selbstbestimmung zu stellen, bloß weil wir nicht in allem eine Hauptrolle spielen. Jetzt im Mittel-Alter wäre der perfekte Moment, großmütig zu sein. Aber Vorsicht: Das schließt zwar eine gewisse Anteilnahme, aber keinesfalls 25-jährige Blondinen oder Kredite im fünfstelligen Bereich für die Anschaffung einer Harley ein.

Die wichtigsten Vorsorgeleistungen für Männer

- Ab 35: Check-up. Wird alle zwei Jahre von der Krankenkasse finanziert und umfasst die Untersuchung des ganzen Körpers, eine Blutdruckmessung, Laboruntersuchungen von Blut und Urin. Wichtig, wenn man weiß, dass Männer zwischen 40 und 50 fünfmal häufiger einen Herzinfarkt erleiden als Frauen und die Zahl von Diabetes-Patienten bei Männern fast doppelt so hoch ist.

- Ab 45: Hautkrebsscreening und Prostata-Untersuchung (Tastuntersuchung, Inspektion).

- Ab 50: Darmkrebs-Früherkennungs-Untersuchung (Tastuntersuchung, Stuhlbluttest).

- Ab 55 können sich Männer alle zehn Jahre einer Darmspiegelung unterziehen, um Darmkrebs möglichst früh zu erkennen. Alle zwei Jahre: Test auf verstecktes Blut im Stuhl.

6

Was du *heute* kannst besorgen ...

Natürlich könnte ich wahrscheinlich noch Yogalehrerin werden. Oder Heilpraktikerin oder Schmuckdesignerin. Lebensberaterin und Coach sind zur Zeit auch sehr angesagt. Aber da ich keine reiche Erbin bin, muss ich mir das natürlich auch leisten können. Ich gehöre zu den Frauen, die von ihrer Arbeit leben müssen. Ich könnte auch Russisch lernen, einen Marathon laufen (habe ich zum Glück schon erledigt) oder durch Südamerika trampen. Es geht noch viel. Sehr viel. Solange ich keinen Rollator brauche und einigermaßen mobil bin, ist auch körperlich noch eine Menge drin. Mehr als man denkt. Es gibt 60-Jährige, die beim Triathlon starten. Man könnte endlich mal Kraulen lernen. Und nur weil man die 40 überschritten hat, heißt das nicht, dass man mit dem Geburtstag automatisch vom Joggen zum Nordic Walking wechseln muss. Sie könnten einen Heimwerkerkurs besuchen, endlich Spanisch lernen oder Ihre Geschichtslücken aufarbeiten.

Man hat Möglichkeiten, keine Frage, aber all die Möglichkeiten, die da draußen auf uns warten, verursachen auch einen gewissen Druck. Ständig liest man irgendwo, was andere Frauen noch jenseits der 40 für großartige Dinge geleistet haben. Den Kilimandscharo bestiegen, auf den Spuren der Berggorillas in Uganda gewandelt und in Kalkutta ein Hilfsprojekt für misshandelte Mädchen aufgebaut. Man ist sprachlos angesichts all dieser Energie und auch ein bisschen gelähmt. Gehört das jetzt dazu, dass man in den gepflegten mittleren Jahren noch mal richtig loslegt? Muss man das? Darf man sich nicht einfach auf die Couch legen und durchatmen? „Ihr habt doch alle eine Art Alters-ADS!“, bescheinigt mir meine Tochter. „Chill doch mal!“ Natürlich würde man insgeheim sehr gern ein wenig „chillen“, auch längerfristig. Einerseits, aber andererseits wartet da in der Welt noch so viel und die Zeit könnte knapp werden. Eine Kollegin hat mal gesagt, ihre Vorstellung vom Alter sei es, sich drei unterschiedlich gemusterte Kittelschürzen zu kaufen, dann einen kleinen Lebensmittelladen in Italien aufzumachen und rund um die Uhr zu essen. Letzteres wäre auch für mich ein überaus verlockender Gedanke. Ansonsten muss man gründlich überlegen, was man wirklich will. Bringt es einen weiter, mit Delfinen zu schwimmen? (Es ist schön, hat aber mein Leben nicht elementar verändert!) Muss man Australien gesehen haben? Ist ein Fallschirmsprung eine mentale Bereicherung?

Im Kinofilm „Das Beste kommt zum Schluss“ erstellen zwei schwerkranke alte Männer ihre persönliche „Bucket-List“. Übersetzt „Löffel-Abgeber-Liste“. Mit anderen Worten: Was will ich noch tun, bevor ich tot bin? Was gibt's noch zu erledigen? Das ist eine Frage, die man sich auf jeden Fall stellen sollte. Egal wie alt oder jung man ist. Ich habe mir unzählige Bucket-Lists zur Inspiration angesehen: Sprachen lernen, sich die Welt anschauen und diverse sportliche Herausforderungen sind immer dabei. Ebenso wie: Wale beobachten, surfen lernen, tauchen, die Mona Lisa und die Pyramiden bestaunen, Helikopter fliegen, den Dschungel erobern, Sportwagen fahren, Bungee-Jumping, Marathon und ein Kind bekommen.

Wenn man sich anschaut, was Menschen auf dem Sterbebett bereuen, hört man allerdings selten: „Schade, ich hätte unbedingt noch zum Whale

Watching fahren sollen! Mist!" Da geht es zumeist um ganz andere Sachen. Welche das sind, hat die Australierin Bronnie Ware während ihrer Arbeit als Krankenschwester auf einer Palliativstation bei der Betreuung Todkranker erfahren. Sie veröffentlichte „The Top Five Regrets of the Dying" zunächst in ihrem Blog „Inspiration and Chai" und stieß auf so viel Interesse, dass daraus ein Weltbestseller entstand. Demnach sind die „5 Dinge, die Sterbende am meisten bereuen" (so auch der Titel ihres Buches):

- Ich wünschte, ich hätte den Mut gehabt, mir selbst treu zu bleiben, statt so zu leben, wie andere es von mir erwarteten.
- Ich wünschte, ich hätte nicht so viel gearbeitet.
- Ich wünschte, ich hätte den Mut gehabt, meinen Gefühlen Ausdruck zu verleihen.
- Ich wünschte, ich hätte den Kontakt zu meinen Freunden aufrechterhalten.
- Ich wünschte, ich hätte mir mehr Freude gegönnt.

Nur etwa 30 Prozent der Menschen würden am Ende ihres Lebens nichts bereuen, sagt Ware. „Um zu dieser Minderheit zu gehören, kann ich nur empfehlen, die fünf Punkte zu beherzigen." Kein Wort von „einmal die Mona Lisa im Louvre sehen". Es geht den Sterbenden eher um soziale Dinge. Um Emotion. Um Liebe und Freundschaft. Darum, nett und gut auch zu sich selbst zu sein.

Sollten wir also unseren Fokus auf andere Dinge richten und all die Pläne an den Nagel hängen? Nein! Pläne zu haben ist trotz allem gut. Pläne machen heißt auch Ziele haben. Etwas erreichen wollen. Eine Aufgabe haben. Man ist beschäftigt und gibt seinem Leben einen Sinn. Aber Menschen sind nun mal verschieden. So wird es „die eine", für alle gültige Bucket

List niemals geben. Nicht für Geld und gute Worte würde ich etwa zum Bungee Jumping gehen, egal wie viele Listen diesen Sprung propagieren und ihn für einen Wahnsinnskick halten. Schon wegen meiner Bandscheiben verzichte ich dankend. Immerhin sind sie über 50 Jahre alt, haben sich bisher erstaunlich gut geschlagen und mir dankenswerterweise keinerlei Kummer bereitet. Da muss ich sie ja nicht dermaßen grob fahrlässig provozieren. Außerdem spricht meine latente Höhenangst gegen Bungee Jumping. Davon mal abgesehen erschließt sich mir der Sinn eines solchen Sprungs nicht. Mut beweisen? Sich überwinden? Kann man das nicht auch anderweitig erledigen? Erfordert es zum Beispiel nicht mehr Mut, endlich zu lernen, mal aus voller Überzeugung „Nein!“ zu sagen? Sich im Alltag nicht alles gefallen zu lassen? Letzteres gehört meiner Meinung nach auf die Bucket List der meisten Frauen. Ja, es kostet oft Überwindung, „Nein“ zu sagen und sich zu wehren. Aber auch wenn man sich hier und da unbeliebt macht – das Gefühl, zu seiner Meinung zu stehen, ist großartig und macht den kleinen Beliebtheitsabfall lässig wett.

Überhaupt: Warum muss man eigentlich von jedem gemocht werden? Darf man, wenn man ein wenig älter ist, nicht einfach mal aussortieren? Gucken, auf wen man sich verlassen kann, wer einem wirklich guttut und zur Seite steht und wer einen schon seit Jahren nervt?

Auch ich habe jahrelang versucht, jedem zu gefallen. Ich wollte, dass mich alle nett finden, schließlich bin ich eine nette Person. Also habe ich eine Menge Energie an Überzeugungsarbeit für Leute verschwendet, die ihre Meinung sowieso schon fertig abgepackt mitgebracht hatten. Das habe ich aufgegeben. „Sie können mich nicht leiden? Finden mich doof? Bitte sehr. Von mir aus.“ Es ist Lebenszeitverschwendung, sich an aussichtslosen Fällen abzuarbeiten.

Die etwas andere Bucket-List

- Jeden Tag lachen.
- Nett zu anderen sein.
- Sich ein Ehrenamt suchen.
- Das Wort „NEIN" lernen.
- Freunde küssen oder umarmen.
- Anonym Geschenke machen.
- Einen Organspendeausweis beantragen.
- Sich von überflüssigem Ballast trennen. Von Dingen, aber auch von ein paar Facebook-Freunden.
- Jeden Tag drei Dinge aufschreiben, die schön waren.

Ich habe vieles, was auf den klassischen Bucket Lists steht, schon erledigt. Heißt das, ich kann beruhigt sterben? Das war es dann für mich? Ich hoffe nicht. Mir macht es Spaß, Ziele zu haben. Zu planen. Ich nehme mir für jedes Jahr etwas vor. Am liebsten lerne ich Neues (mein Klugscheißer-Gen ist ganz schön gefräßig) und genauso gern reise ich. Weil ich gern reise, liebe ich Sprachen. Erstens ist es ja ein Gebot der Höflichkeit, einen Spanier in Spanien nicht selbstherrlich auf Deutsch anzusprechen, ganz so, als ob wir hier in einer Kneipe in Frankfurt-Bornheim wären. Und zweitens spreche ich gern – das überrascht Sie jetzt sicher! – und genieße es, in fremden Ländern wenigstens ein paar Sätze in der Landessprache sagen zu können. Dazu versuche ich täglich eine kleine Dosis Vokabeln zu lernen. „Aber lernt es sich nicht sehr viel schwieriger im Alter? Ist das dann nicht total frustrierend!", hat mich eine Freundin gefragt. Aber nein. Das behauptet jedenfalls die Hirnforschung. Angeblich ist auch das Gehirn eines Erwachsenen durchaus noch formbar (auch wenn Lothar Matthäus und Boris Becker nicht eben diesen Eindruck erwecken). Forscher sagen, wenn wir genauso viel Zeit wie ein Kleinkind mit dem Erlernen einer Sprache verbringen würden, würden auch wir sehr, sehr gut werden. Nur haben die meisten von uns eben auch noch anderes zu tun und im Kopf. Das macht es schwierig, noch ganz perfekt zu werden. Aber ist das überhaupt so wichtig? Die wenigsten von uns wollen noch eine Karriere als Simultandolmetscherin starten. Es geht doch nur darum, sich verständigen zu können. In der Landessprache ein Essen zu bestellen und nach dem Weg zu fragen. Sich zu erkundigen, wie es anderen geht oder im Supermarkt die Produktbeschreibungen zu lesen und ein wenig Konversation zu machen. Etwas vom Lebensgefühl einer anderen Kultur zu verstehen. Dass unser Gehirn beim Lernen die ein oder andere neue Nervenzelle bildet, ist quasi ein Extra-Bonus.

Vielleicht wird man, wenn man später anfängt, nicht mehr so gut, aber eine Ausrede, um gar nicht anzufangen, ist das noch lange nicht. Mit dem schlichten Satz „Bist du nicht zu alt dafür!" lassen sich besonders Frauen schnell entmutigen. Aber wer entscheidet außer Ihnen, wann „zu alt" ist? Es gibt jede Menge Beispiele dafür, dass auch in der zweiten Lebenshälfte noch viel geht. An der Fern-Universität Hagen hat vor ein paar Jahren der 85-jährige Karl Lerner promoviert: „Beitrag eines mehrsprachigen Schulwesens zur Identitätsbildung in Südtirol" lautete das Thema der Dissertation. Der britisch-indische Fauja Singh lief als 100-Jähriger einen Marathon. Mit Anfang 70 schrieb Henri-Pierre Roché seinen Welterfolg „Jules und

Jim“. Pablo Picasso hat bis zu seinem Tod mit 91 unermüdlich gemalt und auch George Bernhard Shaw schrieb noch in seinem neunten Lebensjahrzehnt. Die Nonne Schwester Madonna aus dem US-Bundesstaat Washington startete mit 81 beim Ironman: 3,9 km Schwimmen, 180 km Radfahren und anschließend noch einen Marathon. „Wenn ich es kann, können es auch andere“, sagte sie. Die Universitäten sind voll mit älteren Menschen, und auch ein Musikinstrument zu spielen, kann man durchaus noch mit 55 plus lernen. Man kann es jedenfalls probieren. Schon weil man sich dann nicht lebenslang den Vorwurf machen muss: Hätte ich doch bloß!
Generell gilt: Auf Wiedersehen Konjunktiv. Nicht „Ich würde gern“ oder „Man müsste mal“, sondern: einfach machen, versuchen. Sogar zu scheitern ist besser, als es gar nicht erst zu probieren. Man sollte sich allerdings einigermaßen realistische Ziele setzen. Es muss ja nicht der Marathon sein. Ein 5-km-Volkslauf ist fürs Erste genug. Die Vorhaben sollten sich, damit es auch nur einen Hauch von Chance gibt, sie zu erreichen, im Alltag unterbringen lassen. Studien zeigen: Je kleiner man anfängt, umso größer ist die Wahrscheinlichkeit, seine Ziele zu realisieren. Zu klein darf der Anfang aber auch nicht sein.

Das Glück der Unvollkommenheit

Perfektion ist in allen Fällen nicht das Entscheidende. Ich erinnere mich an eine Talkshow, in der eine Schwedin sagte: „Am allerliebsten bin ich allein zu Hause und spiele nur für mich sehr schlecht Klavier.“ Das hat mir gefallen. Ich glaube nämlich fest daran, dass gerade dann alles gut wird, wenn wir aufhören, alles richtig machen zu wollen. Selbst wenn die Angst, einmal nicht den Erwartungen zu entsprechen – und auch nicht den eigenen Ansprüchen an Bestleistungen – tief sitzt. Jetzt sollte

man endlich anfangen, sich den Luxus zu leisten, etwas zu tun, was man schon immer tun wollte. Ohne Rücksicht darauf, was andere denken und ob man damit wohl größere Mengen an Lorbeeren einheimst. „Alles oder nichts" ist keine sehr praktische Lebensdevise. „Wer allein das Perfekte will und das Glück im Unvollkommenen leugnet, macht sich nicht glücklich, sondern verrückt", sagt Dr. Reinhard K. Sprenger, Managementtrainer. Was hält Sie also davon ab, das Risiko einzugehen, fröhlich herumzudilettieren? Zeit, Geld, Angst oder auch nur Ihr augenrollendes Umfeld? Wer es nicht ausprobiert, wird nie merken, wie glücklich es macht, etwas zu tun, von dem man immer geträumt hat. Ohne den Druck, überall die Beste sein zu müssen. Wenn es nachher gar nicht so toll wie gedacht ist – na und! Dann haben Sie der Sache wenigstens eine Chance gegeben und erfolgreich ist man sowieso schon mal dann, wenn man seinen eigenen Bedürfnissen folgt. Und nicht denen von Fernsehköchen oder Einrichtungshäusern oder Frauenmagazinen. Gut ist es, wenn Ziele mit dem Alltag kompatibel sind. Solange Sie noch zwei schulpflichtige Kinder im Haus haben und Ihr Gatte, den Sie sehr lieben (jedenfalls meistens!) eine feste Stelle im Nachbarort, solange wird es wahrscheinlich schwierig, einen kleinen Lebensmittelladen in der Toskana zu eröffnen. Aber ab und an in einem italienischen Delikatessengeschäft zu arbeiten, wäre eine Möglichkeit. Wer sich überwindet und dann und wann die Komfortzone verlässt, wird profitieren. Etwas zu versuchen und eventuell zu schaffen, macht stolz.
Manchmal aber muss man auch einsehen und verstehen, dass etwas eben nicht machbar ist. Auch Ziele aufzugeben kann durchaus sinnvoll sein. Carsten Wrosch von der Uni Montreal fand in einer Studie heraus, dass sich Menschen wohler fühlten, wenn sie schwer erreichbare Ziele aufgaben, unter anderem weil die Produktion des Stresshormons Cortisol nachließ. Zu-

sätzlich schult man seine Frustrationstoleranz. Und die kann gerade jetzt jede Fortbildung brauchen.
Schlau ist es auch, mal wieder über den alten Poesiealbumsspruch „Willst du glücklich sein im Leben, trage bei zu andrer Glück, denn die Freude, die wir geben, kehrt ins eigne Herz zurück." nachzudenken. Ich weiß gar nicht mehr, wer mir das damals in mein Album geschrieben hat, aber eines weiß ich noch: Ich habe mir darüber keinerlei Gedanken gemacht und fand den Spruch einfach nur kitschig. Er ist kitschig, aber er ist auch wahr. Anderen zu helfen, also Gutes zu tun, macht extrem froh. Nicht nur die, denen geholfen wird. Das bestätigt auch die Wissenschaft: So fanden die Psychologinnen Tristen Inagaki und Naomi Eisenberger von der University of California in Los Angeles heraus: Das so genannte „prosoziale Verhalten" beglückt nicht nur den Nehmer, sondern auch und vor allem den Geber. Sozialpsychologen bestätigen das. Helfen hebt aber nicht nur die Stimmung. Es steigert das Selbstwertgefühl, man mag sich selbst lieber und sieht sich positiver. Auch unser Gehirn freut sich. Es empfindet Helfen als belohnungswürdig und senkt deshalb den Cortisol-Level. Um diesen Effekt zu erreichen, muss man nicht direkt seinen Job aufgeben, um in Afrika Brunnen zu bauen. Auch hier gibt es viele, die Hilfe brauchen, und zig Gelegenheiten, die Welt ein wenig besser zu machen. Es genügt, für die alte Dame im Nachbarhaus einzukaufen und ihr mal etwas vorzulesen, sich in der Hausaufgabenhilfe zu engagieren oder auch bei einer der Tafeln Essen zu verteilen. Möglichkeiten, auch im niedrigschwelligen Bereich, gibt es zuhauf. Das Gefühl, „gebraucht" zu werden, schafft Sinn – und Sinn ist letztlich das, was alle suchen und was man so gar nicht in Kaufhäusern oder auf Shopping-Kanälen findet.
Aus der Glücksforschung weiß man, dass wir dazu neigen, den Effekt der großen Dinge, der Giganten des Schicksals sozusa-

gen – also etwa ein Sechser im Lotto –, überzubewerten und den Zauber der Kleinigkeiten notorisch zu unterschätzen. Gerade kleine Schritte können einen enormen Push-Effekt haben. Sich jede Woche einen anderen Stadtteil vornehmen und den Wohnort einmal ganz neu kennenlernen, ein Jahr ohne Fernsehen leben, eine Nacht unter freiem Himmel verbringen ... oder einfach mal wieder hemmungslos herumknutschen.

Paradise Now!

Wir haben nicht alle Möglichkeiten, aber wir haben mit Sicherheit mehr als unsere Mütter und Großmütter. Uns sagt keiner mehr: „Das schickt sich nicht für eine Frau!" Oder: „Wenn du zu viel Zeit hast, dann kämm doch mal die Fransen vom Teppich oder reinige die Fugen der Fensterbank!" Oder: „Überlass das mal der Jugend!" Das ist wirklich unser großes Glück. Und wir sollten es ausnutzen. Jetzt!

Das ist nämlich noch so ein Fehler: Wir alle vermuten das Glück in der Zukunft. Wenn wir erst mal in Rente sind. Wenn wir mehr Zeit haben. Im Urlaub. Wenn wir den richtigen Mann getroffen haben. Wenn wir 10 Kilo leichter sind. Jede von uns, die schon mal auf der anderen Seite des „Wenn" – nämlich beim „Dann" – war, weiß, dass es dort wahrhaftig längst nicht so ekstatisch, rosig, leichtgängig, großartig zugeht, wie man sich das vorgestellt hat. Das gilt auch für mehr als 20 Kilo Gewichtsverlust, wie ich aus eigener Erfahrung weiß. Also sucht man immer weiter, bis man eines Morgens aufwacht und endlich weiß, wo es ist, das wahre Glück.

Das taten jedenfalls die älteren Teilnehmer einer amerikanischen Studie. Auf die Frage: „Wann, glauben Sie, werden Sie glücklich sein?" sagten sie: „Ich war glücklich, früher." Ich möchte keinesfalls bald denken, dass das Beste schon hinter mir liegt, auch weil ich es immer ganz weit vorn in der Zukunft gesucht habe. Die Welt ist jetzt voller Gelegenheiten. Heißt das, man muss so viele wie möglich nutzen? Oder darf man sich einfach auch mal locker machen? Muss man ständig an sich selbst arbeiten und seinen Horizont erweitern oder kann es auch einfach gut sein, wie es ist? Langt es nicht, berufstätig zu sein und den Haushalt zu stemmen? Hier gilt, wie auch im Swinger-Club: Alles kann – nichts muss. (Keine persönliche Erfahrung, sondern nur gelesen!) Auch auf dem Sofa rumgammeln und ein Gläschen Wein trinken kann ein herrlicher Plan sein. Wenn man diesen Moment wirklich genießt und sich nicht schon in Gedanken dafür geißelt oder denkt, dass man besser die Fenster putzen sollte, oder nebenbei noch Mails checkt. Vollkommenheit kann ganz einfach sein. Wenn man es sich nicht selbst so schwer damit macht und anderen nicht so leicht, uns in unser Leben hineinzuregieren.

7

Freundschafts-*anfragen*

Freundschaftsanfragen

Gestern war ich mit Conny in einem Frankfurter Café verabredet. Am Nachbartisch saßen sechs Mädchen und hatten offenbar viel Spaß. Nicht aneinander, sondern mit ihren Tablets und Smartphones. Keine guckte die andere direkt an. Immer war eines der Geräte dazwischen – um Fotos zu machen und das Ergebnis nach kritischer Prüfung irgendwo zu posten. Conny und ich waren ausnahmsweise einmal sehr froh, schon etwas älter zu sein. Conny meinte: „Ob die noch wissen, wie Freundschaft offline geht? So mit regelmäßigen Anrufen und Treffen? Die mit der direkten Ansprache und Blick in die Augen, statt aufs Display zu starren, auf der Suche nach etwas, das vielleicht spannender ist als das, was du mir gerade erzählst." „So wie du das sagst", antwortete ich, „klingt das, als hätten wir uns gerade damit gebrüstet, Feuer noch ohne Streichhölzer, bloß mit einem Stein und einem Stück Holz und ein wenig trockenem Gras machen zu können." „Na und?", sagte Conny. „Manche Dinge kommen eben nie aus der Mode. Oder meinst du, so eine Facebook-Freundschaft schaut später mal vorbei, um dir die Einkäufe zu erledigen oder dir auch mal das Kissen aufzuschütteln, wenn es dir schlecht geht? Die schicken dir ein ‚Like' und denken, damit wäre die Freundschaftspflicht aber so was von erledigt."
Tja, das bliebe abzuwarten. Ich nehme mir vor, wenigstens so lange zu leben, bis die Facebook-Generation alt genug ist, um die wichtigsten Freundschaftsaufgaben auf ihre Weise zu lösen. Und wäre gern dabei, wie sie sich über dem Seniorenteller fotografieren und sich vielleicht via Live-Chat gut zureden. „Ein Löffelchen für Pia, ein Löffelchen für Felix ..." Vielleicht organisieren sie ja mit 70 noch Flashmobs nach der Devise „20. Mai 2069, Pflegeheim ‚Goldener Herbst', bringt alle eure Krücken mit. Jennifer wurde von ihrem Pfleger den ganzen Nachmittag in nassen Windeln liegen gelassen. Wollen doch mal sehen, wer hier am Drücker sitzt."

Ich denke, das hat durchaus Potenzial. Aber es ersetzt einem natürlich nicht die Old-School-Freundschaft. So gesehen haben wir, die wir über 40 sind, einen strategischen Vorteil. Wir sind zu alt, um uns allein mit Facebook-Kontakten zu begnügen. Und zu jung, um mit bloß einem Mann, einem Haushalt und Kindern schon freizeitmäßig und emotional vollkommen ausgelastet zu sein. Gottseidank haben wir im Unterschied zu unseren Müttern und Großmüttern eben nicht alles auf die Karte „Beziehung" gesetzt. Jedenfalls die meisten von uns. Wir haben nicht darauf vertraut, dass Gert, Ulrich oder Horst uns schon bis ins Grab fantastisch unterhalten, total gut verstehen und großartig unterstützen werden. Wir wissen, dass zum Glück und zu einem erfüllten Leben auch Janet, Stephanie, Wiebke, Bettina, Birgit, Silke, Linda, Jacqueline, Huberta, Andrea, Stef, Irmi, Annette, Sabine, Claudia, Regina, Alexandra, Bianca, Christel, Dani, Patricia, Angelika, Domi, Christa, Dorle, Ari, Lui, Ulli und Eva nötig sind. Mindestens. Umso mehr, je älter wir werden. Und gerade jetzt, in dieser turbulenten Lebensphase, in der es Trennungen nur so hagelt, in der sich die nun fast erwachsenen Töchter und Söhne manchmal noch immer wie Dreijährige aufführen, in der man sich mit nachlassendem Hautwiderstand, zunehmend hilfsbedürftigen Eltern, Job-Frust, den ersten schweren Krankheiten und einem Stoffwechsel befassen muss, der hauptberuflich als Übergewichts-Geburtshelfer arbeitet. Da ist es mit ein paar „Likes" nicht getan. Da braucht man schon echte Freundinnen an der Seite. Um Spaß zu haben, Trost zu finden, entspannt Zeit zu verbringen. Jemanden zu haben, der uns versteht, der Verständnis hat und sich in unserem Gefühlshaushalt manchmal besser auskennt als wir. „Hach, das wird toll, später in unserer flotten Senioren-WG", versichern wir uns immer wieder und freuen uns darauf, uns einen, gern auch zwei knackige Pfleger zu teilen.

Freundinnen sind unendlich kostbar. Eine Erkenntnis übrigens mit hoch wissenschaftlichem Segen. Denn auch das ist etwas, wofür es sich lohnt, schon ein paar Tage länger auf der Welt gewesen zu sein: dass wir mit die erste Generation sind, in der Freundinnen nicht bloß als der emotionale Notgroschen für Frauen gelten, die gerade keinen Mann haben. Praktisch jede Studie zum Thema bestätigt, wie haushoch Freundschaften der Liebe überlegen sind.

Starker Zauber

- Freundschaften sind mindestens so gesund wie Obstsalat und Ginseng, weil Freunde die Wahrscheinlichkeit, alt zu werden, um immerhin ganze 50 Prozent steigern.
- Keine Freunde zu haben, ist so schädlich wie der Konsum von 15 Zigaretten täglich oder Alkoholmissbrauch und sogar noch mehr von Nachteil, als keinen Sport zu treiben und sehr sehr fett zu sein. (Das soll natürlich nicht heißen, dass man das eine für das andere lassen kann.)

Schönes von den Besten

Das wirklich Perfekte: Als Frau ist man quasi sowieso schon mal der geborene Freundschafts-Profi. Liest man ja auch überall, dass Frauen Freundschaft viel besser können. Wir bringen einfach die optimalen Schlüsselqualifikationen mit: sprechen mehr, können in Gesichtern lesen, ob jemand traurig, wütend oder hungrig ist. Wir erinnern uns an Weihnachtswünsche und an Geburtstage und daran, dass die Schwägerin ganz sicher keinen Mini-Dönerspieß wollte. Wir melden uns regelmäßig bei denen, die uns am Herzen liegen, und nicht erst dann, wenn wir eine Bohrmaschine brauchen oder einen Wagenheber. Wir nehmen uns in den Arm, wenn es einer mal nicht gut geht, und hören uns auch zum gefühlt 493sten Mal an, welche herausragenden Talente die Kinder der anderen haben, ohne ein einziges Mal einzunicken. Wir vertrauen einander und bauen darauf, uns gegenseitig über Wasser zu halten, wenn es uns mal wieder bis zum Hals steht. Ganz uneigennützig. Weil es Liebe ist. Nur ohne all die Unberechenbarkeiten, denen man in Zweierbeziehungen so ausgesetzt ist.

Nicht umsonst heißt es doch: „Männer kommen und gehen, Freundinnen bleiben bestehen." Und nur mit Freundinnen erlebt man so saulustige lange Abende in italienischen Restaurants, mit viel Wein, Pasta und Gesprächen über praktisch alles: Romane, Filme, Mode, Kinder, Job, Haarausfall, Männer, Scheidentrockenheit und wie man trotzdem Sex haben kann. Am Ende gibt es noch für jede einen Grappa und ein Tiramisu – sogar für die, die so aussehen, als würden sie nie auch nur an Zucker denken. Und alle sind der Überzeugung, dass das hier so unerschütterlich ist wie die drei Musketiere, Hanni und Nanni und Goethe und Schiller zusammen. Gut, hin und wieder gibt es kleine Krisen. Aber dann sprechen wir uns schon am

nächsten Tag bei einem Milchkaffee aus und liegen uns nach nicht mal zehn Minuten vorbildlichster Konfliktbewältigung erleichtert in den Armen.
Das ist die Sex-and-the-City-Version von Frauenfreundschaften. Manchmal stimmt sie. Aber oft ist es dann doch sehr viel komplizierter. So wie wir.

Wenn Freundschaften in die Jahre kommen

Bei einer Scheidungsquote von bis zu 50 Prozent sind Freundinnen die vielleicht beste Altersvorsorge – und deutlich einträglicher als Riester. Gleichzeitig werden Freundschaften aber auch immer schwieriger. Unbeweglicher. Zäher. Liegt es daran, dass wir uns manchmal einfach schon zu gut kennen? Dass wir mit dem Alter bockiger werden? Ungnädiger? Dass die Leichtigkeit und Großzügigkeit sich irgendwie abgenutzt haben, mit denen wir so lange akzeptiert haben, dass andere eben völlig anders ticken? Sind wir angesichts einer sich immer schneller drehenden Lebenszeituhr weniger bereit, Kompromisse einzugehen? Werden wir eigenwilliger? Irgendwo lese ich von einer Studie, deren Ergebnis besagt, dass wir ab spätestens 40 nicht mehr sonderlich erpicht seien auf Neues. Keine guten Voraussetzungen, jedenfalls wenn viel passiert. Und das tut es. Eine Freundin wird sehr krank. Eine andere verliert ihren Job und hat plötzlich kaum noch Geld.
Damit kann nicht jede umgehen. „Ich war total entsetzt zu erleben, wie wenig Rücksicht darauf genommen wurde, dass ich finanziell nicht mehr mithalten konnte“, berichtet Margot, die vor vier Jahren Privatinsolvenz anmelden musste. Sie zog sich zurück aus ihrer Clique. „Es war sehr beschämend für mich, immer sagen zu müssen: Tut mir leid, ich kann nicht mit zum Italiener oder zum Wellnesswochenende oder zum Kurztrip

nach London. Ich habe natürlich nicht erwartet, dass meinetwegen alle auf alles verzichten. Aber ich hätte mich wohler gefühlt, wenn wir auch einfach mal etwas gemeinsam unternommen hätten, das nicht mit Geld zu tun hat." Eine Freundin blieb ihr, die mit ihr zusammen kochte und auch einfach mal daheim DVDs schaute. Die mit ihr spazieren ging oder auch zu Vorlesungen an die Uni. „Das war schön. Weil Geld zwischen uns tatsächlich keine Rolle spielte."

Entspannt euch!

Am verkrampftesten sind die Menschen, die anderen dauernd empfehlen, sich locker zu machen.

Ja, Freundschaften waren das letzte Mal so wertvoll, als wir noch sehr viel jünger waren. Gleichzeitig werden sie wie nie zuvor im Leben strapaziert. Auch von diversen Macken und Marotten, die man sich nun ja schon eine geraume Weile antut. Dass Laura so viel redet, dass man manchmal glaubt, es käme einem schon Blut aus den Ohren. Dass Maxima es beim Shoppen nie schafft, sich einfach mal so für eine Hose zu entscheiden, und man die ganze Zeit überlegt, was man in der Zeit

Tolles hätte machen können – in der ganzen Stunde, in der sie sich nicht zwischen einem „navyblauen“ und einem „nachtblauen“ Exemplar entscheiden kann. Dass es zwar einerseits verdammenswert ist, aber andererseits schlicht Notwehr, wenn man Petra wünscht, sie hätte wirklich mal diese „unglaublich schlimme Grippe“ oder den „bösen Schmerz im Rücken“, die sie immer auffährt, wenn man selbst etwa einen natürlich total lächerlichen Bandscheibenvorfall hat.

Von Macken und Marotten

Gerade mit fortschreitendem Alter können Freundinnen-Abende auch mal so aussehen wie die, von denen Mano erzählt: „Bis wir erst mal vier Terminkalender unter einen Hut gebracht haben, vergehen mittlerweile locker mehrere Wochen. Dann ist immer wenigstens eine dabei, die sagt, dass es unglaublich zieht, weswegen sich die ganze Runde umsetzen muss. Die Nächste will nichts essen und eigentlich auch nichts trinken, weil sie gerade mal wieder fastet oder auf Glyx ist oder ihr Heilpraktiker eine bestimmte Lebensmittelunverträglichkeit bei ihr entdeckt hat. Eine eröffnet den Abend mit dem ewig gleichen Satz: ‚Ihr glaubt gar nicht, was ich gerade für einen Mörderstress habe. Also ich kann keinesfalls länger als bis halb zehn bleiben. Höchstens!‘ Um dann die knappe Zeit mit ellenlangen Monologen über nervige Chefs und ätzende Kollegen zu bestreiten. Die zweite erklärt schon mal vorsorglich, dass sie kein Mineralwasser trinkt und sich also auch nicht mit zwei Euro an der großen Flasche für alle beteiligen wird. Und eine andere wird wieder kein einziges Mal fragen, wie es einem eigentlich so geht. Man könnte längst ein kleines Bordell betreiben, Witwe geworden sein oder im Rauschgifthandel eine ganz große Nummer. Sie hätte es nicht mitbekommen. Weil es sie nicht interessiert." Natürlich, räumt Mano ein, nehme sie sich aus dem Reigen der Freundinnen mit Macken und Marotten nicht aus. „Aber ich vermisse schon sehr diese Leichtigkeit, die früher so selbstverständlich war. Da ging es viel mehr um uns und weniger um Ich, Ich, Ich."

Ähnlich wie nach 20 Jahren Ehe fragt man sich nun eben auch bei manchen BFF (best friends forever) etwas irritiert: Was war es noch mal, weshalb wir uns so toll fanden?

Freundschaft ist ja, dass man so sein darf, wie man ist, und nicht so sein muss wie die anderen, heißt es. Das hätten wir gern. Es klingt so nobel. Natürlich ist die Idee, dass Freundschaft über allem steht, so zuckersüß und tröstlich, dass man vor Rührung heulen könnte. Tatsache ist aber, dass wir die eigentlich am liebsten mögen, die uns in unserem So-Sein bestätigen, während umgekehrt das Anderssein der anderen auf Dauer ganz schön strapaziert.

Muss man seine Freundschaften also wie den Kleiderschrank manchmal auch ausmisten? Weil das Leben ja nicht nur uns, sondern auch unsere Freundschaften verändert? Weil man sich im Laufe der Jahre in komplett unterschiedliche Richtungen entwickelt? Verhält es sich mit manchen Freundschaften wie mit dem Licht von Sternen, die schon längst erloschen sind? Leben sie bloß noch von gemeinsamen Erinnerungen und aus Gewohnheit fort? Muss man sich dann nicht trennen? Und denjenigen Zeit und Energie widmen, die uns vielleicht mehr am Herzen liegen?

Oder soll man gar nichts unternehmen? Und der Freundin später beim Seniorenturnen zwischen zwei Kniebeugen gestehen: „Weißt du, eigentlich konnte ich dich nie so gut leiden!"?

Vielleicht landet man irgendwann auch unsanft in einer Alten-WG, wie sie kürzlich im Fernsehen vorgestellt wurde. Vier Frauen zwischen 60 und 70, viel Gelächter, fürstliche sieben

Zimmer auf 200 Quadratmetern in Berlin. Die luxuriöse Rettung vor den Schrecken des Alters: Pflegeheim und Einsamkeit. Das im Fernsehen gezeigte Projekt begann mit viel Optimismus. Alle dachten: Vier Frauen – gemeinsames Altern, das kann ja nicht so schwer sein. Aber schon im Laufe der ersten Monate begannen die Querelen. Wegen allem gab es Diskussionen. Etwa darüber, in welcher Farbe die Küche gestrichen werden soll und ob man einen Teppich in den Flur legen könnte oder nicht. Der Konflikt eskalierte so, dass man am Ende sogar einen Mediator bemühte und das Projekt Wohngemeinschaft schließlich trotz aller Vermittlungsversuche daran scheiterte, dass sich eine immer irgendwie ungerecht behandelt fühlte.

Freundschaftsauffrischung

Daran denke ich jetzt, wenn Frauen sagen: „Und dann ziehen wir alle zusammen!" Weil wir komplizierter werden und gleichzeitig schneller von den Macken der anderen genervt sind. Weil wir davon überzeugt sind, Freundschaft sowieso ganz toll zu können, obwohl wir tatsächlich noch ein paar Freundschaftsauffrischungsübungen bräuchten. Interesse beispielsweise. Gut, man muss nicht an einem Abend die Redezeit gerecht durch zwei teilen. Aber Freunde haben es mehr als verdient, dass man ihnen mindestens so viel Aufmerksamkeit schenkt, wie man es für

sich selbst erwartet. Für den französischen Philosophen Michel de Montaigne ist sie ohnehin oberstes Merkmal einer guten Freundschaft: die gegenseitige Teilnahme. Das klingt banal, doch tatsächlich ist es ungeheuer schwer. Es setzt voraus, dass wir es schaffen, auch mal zu unserem eigenen Dasein auf Abstand zu gehen, eben nicht alles durch den Ich-Spiegel zu betrachten. Eine große Herausforderung in Zeiten von Facebook, in denen Freundschaft schon damit erledigt ist, bloß Statements rauszuhauen. Ebenso wie gleichzeitig nicht zu viel, aber auch nicht zu wenig zu erwarten. Das scheint nämlich auch so ein Problem zu sein.

Frauenfreundschaften funktionieren nur allzu oft nach dem Prinzip „Alles oder nichts". Deshalb halten wir etwa „Bekanntschaften" für eine so niedere Beziehungsform, mit der wir uns oft erst gar nicht abgeben wollen. Dabei besitzt ein erweitertes soziales Netz durchaus ein paar wichtige emotionale Nährstoffe. Es bringt einem viele spannende Impulse, wenn man sich gelegentlich mit Leuten trifft, die anders sind, anders leben, anders denken. Und zwar ohne den Versuch, die Unterschiede unter den Teppich zu kehren, sondern im Gegenteil im vollen Bewusstsein, dass das hier vermutlich kein Remake von „Ziemlich beste Freunde" wird – aber sicher ein spannender Austausch über ein paar Gräben hinweg.

Ich denke manchmal, dass wir uns da auch einiges von Männern abschauen können. Von ihrem Pragmatismus, von ihrer Nüchternheit, von der Selbstverständlichkeit, mit der sie einen „Kumpel" anrufen, mit dem sie zuletzt beim Fußballturnier 1984 Kontakt hatten. Nicht etwa, um die letzten 30 Jahre „aufzuarbeiten" und mal auszuloten, ob der einen noch richtig lieb hat. Sondern ganz einfach, um zu fragen, ob er noch dieses Wochenendhäuschen in der Toskana besitzt – und bereit wäre, es einem für zwei Wochen zu überlassen. Oder um sich zu er-

kundigen, ob da noch eine Stelle frei ist in seiner Firma. Oder auch bloß, um nicht allein zum nächsten Bundesligaspiel gehen zu müssen.
Sicher, Freundschaften muss man sich – auch – verdienen. Aber manchmal ist man doch überrascht, wie gerade die Menschen aus der zweiten oder dritten Reihe da sind, wenn man jemanden braucht. Während die, die wir als „Freundin" deklariert haben, gerade wegen irgendeiner Kleinigkeit schmollt. Freunde sind oft nicht automatisch auch die hilfreichsten, tröstlichsten, nettesten Menschen. Freunde sind, das hat Peter Ustinov einmal gesagt, manchmal einfach nur die, die zuerst da waren.
Vor einigen Monaten war ich bei einer Veranstaltung der Evangelischen Kirche zum Thema Freundschaft. Ich war überrascht, wie dick der Freundschaftserwartungskatalog war, der dort aufgeschlagen wurde. Viele Frauen wünschten sich das Maximum an Zuwendung, Verständnis, Auseinandersetzung. Einige sprachen von der idealen Freundin wie von einem Coach, der einem „etwas bringen" muss, bloß dass die Dienstleistung natürlich umsonst sein soll. Andere erzählten sehr enttäuscht von ihren bisherigen Freundinnen, von denen bislang keine den ziemlich üppig kalkulierten Freundschaftsdienstleistungsplan zur vollsten Zufriedenheit erfüllen konnte. Keine überlegte jedoch, ob sie eigentlich selbst eine gute Freundin ist. „Und was erwartest du von einer Freundin?", wurde ich gefragt. Na ja – irgendwie dasselbe wie Marlene Dietrich. Die hat einmal gesagt: „Es sind die Freunde, die man um 4 Uhr morgens anrufen kann, die zählen." Und die dann eben nicht sagen: „Och nö. Jetzt nicht. Ich habe gerade so viel um die Ohren!" Oder: „Ich habe dir doch dieses Aura-Soma-Fläschchen geschenkt. Riech einfach mal dran!" Oder: „Ich hatte schon viel schlimmeren Liebeskummer!" Oder: „Erzähl es Facebook!"

8

Die Liebe – Eine Geschichte der Materialermüdung

Diesmal bringe ich ihn um. Ganz bestimmt. Hat einfach schon wieder sein Telefon abgestellt. Lässt mich ins Leere laufen. Er ahnt wohl schon, dass das, was ich von ihm will, seine so geliebte Ruhe stören könnte: meine Tante vom Bahnhof abzuholen, weil mir gerade etwas beruflich sehr Wichtiges dazwischengekommen ist. Aber er hebt nicht ab. Wie so oft. Eine seiner Marotten. Nicht erreichbar sein. Keine Ahnung, wie viele Macken es insgesamt sind. Es läppert sich, wenn man erst mal ein paar Jahrzehnte miteinander verbracht hat. Aber jetzt habe ich genug. Definitiv. Ich will die Trennung. Ganz bestimmt. Sollte er jemals wieder an sein Telefon gehen, wird es das Erste sein, was er zu hören bekommt. Oder das Zweite. Das Erste wäre: Ich habe deine Schallplatten verkauft und all deine 3256 CDs.
Ich hasse ihn. Und gleichzeitig frage ich mich: War das mit dem Gemeinsam-alt-Werden nicht mal anders geplant? Was ist aus dieser so bezaubernden Idee von uns als verliebtem alten Paar geworden? Aus der Hoffnung, wir würden irgendwann, wenn er seinen 100. Geburtstag feiert und das Fernsehen da ist, immer noch Händchen halten? Auf die obligatorische Frage, wie man es bloß geschafft hat, so lange zusammen zu bleiben, würden wir antworten: „Wir haben uns immer geliebt. Es gab kaum Streit und wenn, dann haben wir ihn in langen Gesprächen aus dem Weg geräumt. Stets wollten wir nur das Beste für den anderen und waren immer füreinander da. Nie sind wir im Bösen schlafen gegangen.“ Er sagt dann noch „Es gibt keine Schönere als sie!“, und ich: „Ohne ihn kann ich nicht sein!“
Ich hätte Fred Stobaugh heiraten sollen. Der Rentner aus Peoria, Illinois, war „wunderbare 72 Jahre“ lang mit seiner Traumfrau Lorraine verheiratet, bis sie 2013 starb. Nach ihrem Tod noch schrieb er ein Liebeslied, das er schließlich bei einem Musikwettbewerb eines örtlichen Studios per Post einreichte. Ein Produzent dort vertonte seine Zeilen und stellte den Song ins

Internet. Seitdem ist der 96-jährige Fred ein Star. Allein auf den Videoplattformen YouTube und Vimeo wurde diese Geschichte binnen weniger Wochen zusammen fast sieben Millionen Mal angeklickt.

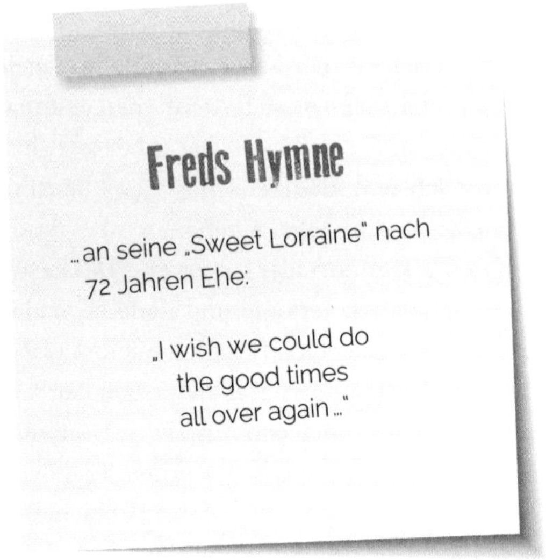

Das sagt mir drei Dinge: 1. Wie groß die Sehnsucht weltweit nach einer Liebe sein muss, die bis ins hohe Alter überlebt. 2. Wie außerordentlich selten es offenbar ist, dass sich dieser Traum erfüllt. 3. Dass ich vielleicht die Rubrik „Akademiker" in meinem Beuteschema schließen und dafür eine neue Abteilung eröffnen sollte: Männer mit Herz, gern auch ohne Abitur. Fred Stobaugh hatte bis zu seiner Pensionierung als Fahrer bei einer Wäscherei gearbeitet.
Mit einem geliebten Partner alt zu werden, das ist das i-Tüpfelchen unserer Vorstellung von Romantik. Wir wollen noch in der letzten Lebensrunde dem Greis neben uns auf dem Sofa

über sein schütteres Haupt streichen und in ihm weiterhin den total aufregenden Kerl von früher sehen. Wir möchten mit über 80 Herzklopfen haben und wissen, dass es sicher kein Vorhofflimmern ist. Bis zum letzten Atemzug, so stellen wir uns das vor, wird jemand an unserer Seite sein. Wir würden auf ein erfülltes Leben voller Zuneigung, Zärtlichkeit, Fürsorge, Respekt zurückblicken und – ja, auch das – noch immer Sex haben. Weil man einfach die Finger nicht voneinander lassen kann.

Scheidung in Grau

Dabei geht uns immer häufiger schon im Mittelfeld die Puste aus. Wir sind erschöpft voneinander. Von den ewig gleichen Querelen, von der übersichtlichen Choreographie unseres Liebeslebens. Jeder vierte frisch Geschiedene ist mittlerweile älter als 50 und selbst ein Schlussstrich nach dem Rentenbescheid – also in einem Alter, in dem man sagen würde: „Ach, auf die paar Jahre kommt es jetzt auch nicht mehr an." – ist längst keine Seltenheit mehr. Zu 80 Prozent geht die Initiative zur Trennung dabei von den Frauen aus. „Gray divorce" (graue Scheidung) nennt sich der Trend in den USA. Von dort kommen auch ein paar Vermutungen zu den Ursachen. Genauer gesagt, von der Soziologin Susan Brown. Demnach sind Frauen, weil sie heute nicht mehr so sehr wirtschaftlich abhängig sind vom Mann, eher bereit, aus einer für sie unbefriedigenden Beziehung auszusteigen. Die hohe Zahl der Scheidungen habe außerdem einen Nachahmungseffekt. Sie würde die Bereitschaft senken, Eheprobleme hinzunehmen. Nicht zuletzt sei die gestiegene Lebenserwartung eine weitere Ursache.
Es war von der Natur einfach nicht geplant, dass sich „bis dass der Tod euch scheide" so dermaßen hinzieht. Besonders mit einem Kerl, der unverdrossen an seinen Zehen herumpult, um

dann später noch in aller Gemütsruhe mit denselben Händen Hackfleischbällchen zu formen – würde man ihn lassen. Der nie auch nur ein einziges Mal auf die Idee kam, einen zum Hochzeitstag in ein schönes Restaurant einzuladen. Der immer so einen glasigen Blick bekommt, sobald man etwas von sich erzählt, und der nie aus der Küche ruft: „Ich habe uns was gekocht!“, sondern immer nur aus dem Wohnzimmer: „Wann gibt's Essen?“

Mein Mann schnarcht total.

Ich würde am liebsten ins Gästezimmer ziehen. Aber wäre das nicht der Anfang vom Ende unserer Beziehung?

Bianca, 42, aus München

Dr. Herbst: Es wäre der Anfang eines schöneren Lebens. Mit Ihrer Einstellung verlieren Sie bis zur Silberhochzeit ganze zwei Jahre Schlaf. Und diese Verluste sind mit gut dokumentierten Gesundheitsproblemen verknüpft – zum Beispiel mit einem erhöhten Risiko für Übergewicht. Gut, Sie könnten in der so gewonnenen wachen Zeit mal eben ein paar Mord-Methoden durchdenken. Aber ehrlich: Das Leben neben einem Schnarcher gilt (noch) nicht als mildernder Umstand dafür, den Gatten mit einem Kissen zu ersticken. Wenn es Ihre Wohnung hergibt, dann also unbedingt getrennte Schlafzimmer. Schon weil man sich ausgeschlafen doch sehr viel besser lieben kann.

Das Verschwinden des Zuckergusses

Wie alles, das man sehr, sehr lange in Gebrauch hat, unterliegen eben auch Mann und Liebe einer gewissen Materialermüdung. Es ist, wie meine Mutter immer gesagt hat, wenn ich mich darüber ärgerte, wie sie meinen Vater zurechtwies. Wegen jeder Kleinigkeit – quasi nur, weil er existierte. Damals meinte sie: „Sei du erst mal so lange verheiratet, dann reden wir noch mal darüber." Sie hatte ja so recht. Einen Mann ein bis zehn Mal dabei zu beobachten, wie er seine Fingernagelhaut zernagt, ist kein Problem. Steckt man locker weg. Man liebt ihn ja und kennt ungefähr 749 herzerwärmende Gründe, das großmütig zu übersehen. Nach 20 Jahren aber würde man am liebsten in die Küche gehen, das 200 Euro teure japanische Küchenmesser holen, das er unbedingt haben musste (fürs Kräuterschneiden, das er seit der Anschaffung vor zwei Jahren nur einmal übernommen hat) und ihm sagen: „Komm noch einmal mit deinen Zähnen an deine Finger und du wirst bald keine mehr haben!" Ja, das ist erschreckend. Ebenso wie der Gedanke, dass er einen auf dieselbe Weise betrachten könnte. Als ein ziemlich enervierendes Ergebnis von lauter Wiederholungen und haushohen Verklärungs-Verlusten. Zu Recht. Denn auch mit uns Frauen muss man ganz schön viel Geduld haben. Um das zu verstehen, genügt es vollkommen, mit ein paar Freundinnen ein oder zwei Urlaubswochen zu verbringen und die Erlebnisse auf ein paar Jahrzehnte hochzurechnen: Das Dauergeplapper von Sylvia, Ingrids Putzwut, Simones Hang zum Esoterischen („Du hast in den höheren Chakren noch einen Pfropfen drin, den du unbedingt lösen solltest"). Und mein persönlicher Albtraum: Luise, die Trödelkönigin, die mindestens zwei Stunden braucht, bis man mit ihr aus dem Haus kommt. Es sind all die tausend Kleinigkeiten, die einen fertigmachen und den

Zuckerguss, mit dem man sich zu Beginn noch so eilfertig gegenseitig übergossen hat, aufbrauchen. Und wenn man mit der Frage konfrontiert ist: „Kannst du es nicht mir zuliebe ändern?", hat man längst die Antwort parat: „Wieso ich? Mach du doch den Anfang!"
Manchmal denke ich, dass die größte Lebensleistung von Paaren nicht darin besteht, sich lange zu lieben, sondern sich nicht gegenseitig umzubringen. Wobei Sich-zu-Tode-Langweilen auch eine Mordvariante ist. Die langsame eben. Alle Geschichten sind schon mal erzählt. Sehr viele Anfänge in so ziemlich allen Lebensbereichen wurden zu Ende gebracht. Es ist, als würde man einen Roman im letzten Drittel beginnen. Auch deshalb wächst die Sehnsucht nach einem neuen Anfang. Vielleicht mit einem anderen. Soll man sich nicht jetzt sofort trennen? Oder würde man es bedauern? Irgendwann? Bald? Am liebsten hätte man ein Orakel, das einem sagt: „Schmeiß jetzt bloß nicht hin. Du wirst es eines Tages bereuen! Da geht noch was." Oder: „Also sagen wir es mal so: Ein Doppelgrab würde ich nicht bestellen!"

Die Ehe – ein sich selbst reinigender Backofen?

„An manchen Tagen bin ich regelrecht in ihn verschossen. Ganz wie früher. An anderen ist er mir total fremd. Dann könnte ich sofort meine Koffer packen! Oder besser noch: seine!", erzählt Marion, eine 47-jährige freiberufliche Grafikerin. „Manchmal habe ich Angst, dass ich den richtigen Zeitpunkt verpasse, mich zu trennen. Dass ich einfach nur nicht gehe, weil ich fürchte, dann für immer allein bleiben zu müssen. Ich führe also praktisch eine Ehe aus Mangel an alternativen Gelegenheiten. Mindestens ebenso erschreckend finde ich aber den Gedanken, dass er vielleicht genauso fühlen könnte. Dann möchte ich mir gar nicht vorstellen, jemals ohne ihn zu sein. Es ist ein dauerndes Auf und Ab. Ich hätte nie gedacht, dass es mal so schwierig sein würde. Gerade jetzt, wo doch alles endlich in geordneten Bahnen verläuft: Wir haben beide einen guten Job, unsere Tochter studiert in Wien und ist dort sehr glücklich. Wir haben Freunde, die wir schon ewig kennen, können uns aber auch ganz gut zu zweit miteinander und allein beschäftigen. Sogar Sex haben wir noch. Gelegentlich. Ich weiß selbst manchmal nicht, woher diese Unzufriedenheit kommt. Natürlich fallen mir dann zig Gründe ein. Aber ehrlich gesagt, die waren ja auch vorher schon da, ohne dass sie mich so unglücklich gemacht hätten. Ich wünschte, ich wüsste ganz sicher, was das Beste für mich und für uns ist."

Es ist gerade in den mittleren Jahren ein hauchdünner Grat zwischen Flüchten oder Standhalten. Und dann die Aussicht, dass die Zeit momentan jeden Geschwindigkeitsrekord bricht und man vielleicht die letzten Weichen für den Rest seines Lebens stellt. Dauernd diese Fragen: Liegt es an uns? An den Männern? Haben wir uns vielleicht grundfalsche Vorstellungen gemacht? Leiden wir auch an einem „Paris-Syndrom"? Wie die Japaner, die jedes Jahr Hals über Kopf die Seine-Metropole verlassen müssen? Weil es sie krank macht, wie die Illusion über die vermeintlich romantischste Stadt der Welt an den scharfkantigen Realitäten einer ganz normalen Großstadt zerschellt? Viele seiner Landsleute würden sich das Pariser Leben als „extrem aufregend“ vorstellen, erklärte Yoshikatsu Aoyagi, ehemaliger Konsulats-Chef der japanischen Botschaft in Paris, das Phänomen in der ZEIT. Umso größer ist der Kulturschock, wenn man eben nicht in einer Szene aus „Die wunderbare Welt der Amelie“ landet, sondern in einem Restaurant mit einem exorbitanten Touristen-Aufschlag für ein mittelmäßiges Essen aufs Kreuz gelegt wird, um danach die Restbarschaft im Gewimmel vor der Mona Lisa im Louvre an einen Taschendieb zu verlieren.

Kann man nun wirklich Paris für all die Flausen verantwortlich machen, mit denen Touristen anreisen? Oder sollte man nicht vielmehr die Touristen darauf hinweisen, dass Paris dann am schönsten sein kann, wenn man sich der Stadt nicht mit Postkarten-Verpflichtungen nähert? Brauchen wir also – übertragen auf unser Dilemma – ab 50 nicht nur ein Brustkrebsscreening, sondern auch eine jener Infobroschüren, mit denen das japanische Konsulat rät, den eigenen „romantischen Images“ zu misstrauen? Was würde da drin stehen? Vermutlich, dass es eben nicht genügt, sich ganz doll lieb zu haben, um auf der Schotterpiste Alltag sein Fernziel „Gemeinsam glücklich alt werden“ zu erreichen. Denn auch wenn wir sie so behandeln: Eine Beziehung ist eben doch nicht so etwas wie ein sich selbst reinigender Backofen.

Verein zur gegenseitigen Bewunderung

Was uns zusammenhält, das sind ohnehin nicht die Extraportionen Verliebtheit, Romantik, Leidenschaft. Sondern sehr viel profanere Dinge. Solche wie gemeinsamer Immobilienbesitz. Wenn man auf dem Land lebt und katholisch ist. Auch glei-

cher Bildungsstand, ähnliches Alter und ein Hauptwohnsitz in Ostdeutschland zählen zu den Beziehungs-Konservierungsmitteln, die laut Bundesinstitut für Bevölkerungsforschung die Beziehung haltbarer machen als einen Bundeswehrzwieback. Ebenso übrigens wie die Hilfe des Mannes im Haushalt. Selbst Romeo und Julia hätten also wenigstens eine Eigentumswohnung gebraucht und Romeo hätte regelmäßig die Geschirrspülmaschine ausräumen und den Müll hinuntertragen müssen, um die Beziehungsprognosen zu verbessern.
Enttäuscht? Es kommt laut Beziehungs- und Familienpanel pairfam (Panel Analysis of Intimate Relationships and Family Dynamics) noch ernüchternder. Bei 12 402 Teilnehmern wurde über mehrere Jahre die wohl umfangreichste Datensammlung zu Themen rund um das „partnerschaftliche und familiäre Zusammenleben in Deutschland" erhoben. Die Psychologinnen Professor Dr. Sabine Walper, Franziska Schmahl und Dr. Eva-Verena Wendt von der Münchner Ludwig-Maximilians-Universität wollten unter anderem mehr über „die Entstehung, Ausgestaltung und Auflösung von Partnerschaftsbeziehungen" erfahren. Eines der Ergebnisse: dass es nicht ein Zuwenig an Liebe, sondern ein Zuviel an Erwartungen ist, das Beziehungen so in Schräglage bringt. Ein weiteres: Unser Blick auf den anderen könnte deutlich freundlicher sein. „Wir achten vermutlich vor allem zu sehr auf negative Erfahrungen und reagieren oftmals so, dass sich der andere bestraft fühlt, was wiederum nicht gerade zu positivem Verhalten einlädt", so Dr. Eva-Verena Wendt. Allein durch die Häufung mit den Jahren kann sich das zu einem hochexplosiven Sprengstoff auswachsen. Und noch ein Problem: der Umgang mit Stress. Davon gibt es in der Mitte des Lebens ja mehr als genug. Der andere soll nun gefälligst für Ausgleich sorgen, alles irgendwie wiedergutmachen. Wozu bügelt man denn sonst seine Hemden?

Georg, ein guter Freund, erzählt, wie ihm seine Frau dauernd bittere Vorhaltungen macht, er würde sie nicht angemessen durch die Wechseljahre begleiten. Was meint sie damit? Hätte er ihr öfter Luft zufächeln sollen? Ihr abends ein Schlaflied singen? „Was soll ich tun?“, fragte er sie ein wenig ratlos. „Pah! Das ist mal wieder typisch, dass dir dazu nichts einfällt!“, hat sie gesagt.
Klar kann man ein wenig Unterstützung erwarten. Aber Georg hat sich die Menopause nicht ausgedacht. Er kann nicht Gedanken lesen. Warum nicht sagen: „Nimm mich einfach mal in den Arm!“? Die Fähigkeit, Einflüsse als äußerlich zu begreifen und nicht als etwas, das der Mann gemacht hat, um einen in den Wahnsinn zu treiben, ist eines der sichersten Konservierungsmittel der Liebe. Das fand auch der Schweizer Psychologe Guy Bodenmann, Lehrstuhlinhaber am psychologischen Institut der Universität Zürich, in seinen Studien bestätigt. Zufriedene Paare nehmen sich demnach nicht übel, was von außen an Stressfaktoren auf sie einprasselt. Sie halten sich nicht am anderen schadlos für Dinge, die der nicht verbockt hat. Und sie wissen auch instinktiv, was der amerikanische Eheberater Daniel Wile so zusammenfasst: „Partnerwahl heißt Problemwahl.“ Heißt: Man entscheidet sich immer für das gesamte Paket, für die positiven wie für eine ganze Reihe negativer Eigenschaften. Hat man sich also in einen ruhigen, zuverlässigen, häuslichen Mann verliebt, darf man ihm nicht vorwerfen, wenn er in den späteren Jahren nicht zum Partylöwen mutiert. Jemand, der das Geld immerhin so gut zusammengehalten hat, dass man jetzt in einem Eigenheim lebt, wird nicht „Toll!“ rufen, wenn man auch mal bloß zum Shopping nach Barcelona reisen oder in einem sündhaft teuren Restaurant die Speisekarte rauf und runter bestellen will. Und wenn einer sich durch großen Freiheitsdrang und Autonomie auszeichnete, wird er

im Laufe der Jahre vermutlich nicht das Bedürfnis entwickeln, tagelang auf dem Sofa Händchen zu halten.
Auf Dauer nervt all das gewaltig. Jetzt würde man seine Bestellung beim Schicksal noch einmal überarbeiten, also den introvertierten Grübler diesmal mit ein paar Zusatzfeatures wie Kontaktfreude, Lust am Ausgehen, Freude am Reisen ausstatten. Geht aber nicht. Außer man trennt sich. Um höchstwahrscheinlich alsbald vor einem ganz ähnlichen Problem zu stehen. Wie aber bleibt man unter solch erschwerten Bedingungen Mitglied im „Verein zur gegenseitigen Bewunderung"? Die Experten meinen, das sei gar nicht so schwer. Oder sagen wir: Auch nicht schwerer, als sich alltäglich an der unverrückbaren Tatsache abzuarbeiten, dass er nun mal ist, wie er ist. Einen Versuch ist es allemal wert. Schon wegen der doch recht müh-

Das luxuriöse Extra

Leidenschaftliche Liebe ist so etwas wie eine Praline und eben nicht der Beziehungshauptgang. Der besteht vor allem aus vernünftigen Dingen wie Gemüse oder Salat oder Obst.

samen Männer-Akquise. Um den Alten etwas aufzupolieren, raten etwa die amerikanischen Psychologen Aron, Norman, McKenna und Heyman, aufregenden Aktivitäten vor angenehmen den Vorzug zu geben. Also beispielsweise ins Theater oder zum Schwimmen gehen anstatt bloß ins Restaurant oder ins Kino. Und lieber nicht jedes Jahr dasselbe Urlaubsziel. Verkneifen sollte man sich AMEFI (alles mit einem für immer), so der Paartherapeut Michael Mary. Jeder braucht seinen Freiraum und Gelegenheit für eigene Interessen, Freundschaften und Verpflichtungen. Wichtig ist offenbar auch das Commitment, also die Verbindlichkeit und die Bereitschaft, in diese Beziehung zu investieren, selbst etwas dafür zu tun, dass sie so wird, wie man sie sich erhofft.

Nachdem ich größere Strecken meines Lebens versucht habe, mich hauptsächlich von Pralinen & Co zu ernähren, muss ich sagen: Vernunft ist gerade auf der langen Strecke deutlich besser. Egal ob beim Essen oder in der Liebe. Das wirft natürlich ein ganz anderes Licht auch auf das alte Pärchen, beide mindestens 80, das ich eben in der Stadt gesehen habe. Total süß! Ich dachte: Schau an – es geht doch. Aber auch: Vermutlich wäscht sie ihm seit über 50 Jahren die Unterhosen und wahrscheinlich war das nicht immer ein schöner Anblick. Er ignoriert, dass sie das letzte Mal 1978 einen neuen BH gekauft hat, vergisst aber leider auch konsequent, was genau sie gern isst, und kauft seit Jahrzehnten das Falsche ein. Sie nimmt einfach nicht zur Kenntnis, dass er Mozart aus tiefstem Herzen hasst, dafür fragt sie ihn immer, ob er auch gut geschlafen hat. Man könnte sagen, dass ihr gemeinsamer Alltag aus lauter Gemeinheiten und ärgerlicher Ignoranz besteht. Aber genauso gut: aus lauter Rücksichtnahme und schönen Ritualen.

In den mittleren Jahren, glaube ich, muss man sich da einfach mal entscheiden. Mit wie viel oder auch wie wenig man zufrieden ist, was man zum Glück unbedingt braucht und was nicht zwingend notwendig ist. Das ist vermutlich die überhaupt größte Herausforderung. Ganz besonders unter den manchmal so erschwerten Bedingungen in der Mitte des Lebens. Wenn der Lack ab ist – nicht nur beim Mann, sondern langsam ja auch bei uns. Dann hilft der Liebe ja manchmal so eine Mund-zu-Mund-Beatmung. Ein Wechsel der Perspektive. Ein wohlwollender statt eines überkritischen Blicks. Und die Großmut, einfach über ein paar Dinge hinwegzusehen und sich zu sagen: „Einatmen, Ausatmen!", und wenn man damit fertig ist, dann kann man ihm ja immer noch eine knallen. Oder vielleicht auch erst in 35 Jahren. Weil gerade eine lange Beziehung immer noch neue Ziele braucht.

Bei aller Liebe

Mit mancher Liebe verhält es sich wie mit der Lesebrille: Eben hatte man sie noch und jetzt ist sie auf einmal weg. Bei allem Nachdenken darüber, wo sie abgeblieben sein könnte – sie bleibt verschwunden. Ganz unspektakulär. Ein bisschen wehmütig winkt sie noch von Weitem, aber egal, was man tut, sie will sich einfach nicht wiederbeleben lassen. Klammheimlich hat sie sich davongeschlichen.

Wenn man Glück hat und sich immer noch mag, bleibt Freundschaft. Ich habe irgendwann gemeinsam mit meinem Ex entschieden, dass uns Freundschaft auf die lange Strecke nicht reicht. So eine Entscheidung hat Konsequenzen. Wir haben uns getrennt. Wehmütig. Natürlich fragt man sich, ob es nicht auch einfach mit guter Freundschaft geht. Ob eine Partnerschaft nicht auch so funktionieren kann. Ich glaube, es ist möglich. Aber ob man es mag und will, ist eine andere Frage. Ich weiß, dass Leidenschaft in den seltensten Fällen über Jahrzehnte bleibt. Ich bin eine pragmatische Person, aber trotz allem gehört die Liebe für mich zur Partnerschaft. Das Gute: Wir hatten eine schöne Beziehung, haben zwei wunderbare Kinder miteinander und es über 20 Jahre zusammen ausgehalten. Und mal ehrlich: Es waren zumeist gute Jahre.

Ich finde, ich hatte Glück. Es gibt deutlich dramatischere Gründe für eine Trennung. Kränkungen, Erschöpfung, Beziehungs-Autismus. So wie bei Hendrik, dem Mann von Margot. Sie hatte mit Mitte 40 noch einmal Neuland betreten, den Beruf gewechselt, war Yogalehrerin geworden und hatte ein gut gehendes kleines Studio für Senioren aufgebaut. „Das hat mir total Spaß gemacht."

Den wollte ihr Mann so gar nicht mit ihr teilen. „Ich hatte mich weiterentwickelt. Er war irgendwo in den 90er-Jahren des letzten Jahrtausends stehen geblieben. Was mich besonders gekränkt hat: Er sah gar nicht ein, weshalb er daran etwas ändern sollte." Margot hat viel versucht – Gespräche, Drohungen, Flehen. „Bis er eines Abends wieder sagte: ‚Ach, lass mich doch in Ruhe mit deinem Selbstverwirklichungs-Kram. Sieh lieber mal zu, dass du den Haushalt wieder in den Griff bekommst ...' Da bin ich aufgestanden, habe zwei Koffer gepackt und bin einfach raus. Ich konnte nicht mehr länger mit ihm unter einem Dach bleiben."

Es gibt Beziehungen, die sind nicht mehr zu retten. Ich lese: Wenn man sich die überwiegende Zeit in einer Partnerschaft nicht mehr wohlfühlt, dann wäre es soweit. Wobei „überwiegend" sehr großzügig kalkuliert ist. Meine Freundin Annette sagt, sie sei ein Fan der 49-51-Regel. „Wenn 51 Prozent dafür sprechen, zu bleiben, dann ist es immer noch gut. Auch wenn man natürlich sehr viel bessere Ergebnisse erzielen könnte. Viel zu viele sind aber schon längst bei 49 und halten trotzdem aus." „Sunk cost effect" nennen Psychologen den Grund. Demnach halten wir manchmal nur deshalb noch an etwas fest, weil wir bereits so viel investiert haben. Man denkt: Was da alles verloren geht, wenn ich jetzt aufgebe. Den Gewinn, den man haben könnte, würde man die Verluste einfach abschreiben, den hat man nicht im Blick. Man hofft nur, dass sich die Kosten doch noch auszahlen werden. Aber nein, der Mann steht nicht eines Tages auf und sagt: „Schatz, tut mir echt leid, was ich dir da die letzten Jahre zugemutet habe. Ich weiß auch nicht, was mit mir los war. Du bist eine so anbetungswürdige, hinreißende, schöne und kluge Frau. Ich werde fortan den Boden küssen, auf dem du wandelst – oder dir wenigstens im Haushalt helfen, dich fragen, wie dein Tag war, und dich mit tollen, selbstgekochten Mahlzeiten überraschen. Wir werden reisen, ins Theater gehen und in den Tanzkurs, mit dem du mir schon so lange in den Ohren liegst. Und was ich dir unbedingt noch sagen wollte: Ich bin dir unendlich dankbar, dass du mich und unsere Liebe nicht aufgegeben hast." Tut mir leid: Das wird nicht passieren.

Scheiden tut weh

Also hilft oft nur noch die gute alte Weisheit der Dakota-Indianer: „Wenn du merkst, dass du auf einem toten Pferd sitzt, steig ab!" Das gilt auch, wenn das Pferd Horst, Martin, Alfred oder Georg heißt (und man sowieso schon lange nicht mehr drauf gesessen hat). Und nein, es nutzt nichts, bei dem toten Pferd zu bleiben und die Kriterien zu ändern, nach denen ein Pferd als tot bezeichnet werden darf. Ebenso wenig wie die Futterration zu verdoppeln, das Stroh auszuwechseln und zehn Jahre Therapie zu machen, um das tote Pferd zu analysieren. All das, was Besitzerinnen von toten Pferden so gern machen. Also: Absteigen genügt völlig. Selbst wenn man dafür erst mal durch ein sehr tiefes Jammertal muss. Man verabschiedet sich ja nicht nur von seinen schmutzigen Socken, von schweigsamen Fernsehabenden, Verständnislosigkeit, Herzlosigkeit, Desinteresse und Tankstellenblumen zum Geburtstag. Beinahe schwerwiegender ist die Trennung von all den gemeinsamen Jahren, in denen man gehofft hat, dem Stoffel irgendwie Charme, Fürsorglichkeit, Liebe und ein Happy End abringen zu können. Die Zukunft, der Status als Frau an der Seite eines Mannes – alles weg. Scheiden tut ganz schön weh. Und so verrückt das klingen mag: Das ist auch gut so. Wäre ja auch seltsam, wenn man ein so großes Projekt wie eine jahrzehntelange Ehe, all die Zeit, die Energie, das Herzblut einfach so sang- und klanglos vom Haken lassen könnte.

Aber natürlich heult es sich schon gleich besser in einer aufgeräumten Wohnung und bei Musik, die man selbst ausgesucht hat. Und es gibt ein paar andere unverhoffte Freuden. So wie sie eine Bekannte schildert, die sich noch mit Mitte 60 von ihrem Mann trennte. „Jeden Morgen, wenn ich aufwache, greife ich auf die andere Seite des Bettes und bin total froh, dass da keiner liegt. Denn jetzt habe ich einen Tag vor mir, in dem ich allein bestimme, was getan wird und was nicht. Was und wann ich esse und ob ich vielleicht noch nach 22 Uhr einfach mal vor die Tür gehe, mich an eine Hotelbar setze und einen kleinen Absacker nehme." Die meist sehr viel jüngeren Barkeeper lieben sie. Sie hat viel zu erzählen, weil sie tolle Reisen macht – wie jüngst eine Kreuzfahrt auf dem größten russischen Atom-Eisbrecher der Welt zum Nordpol. Sie lernt die spannendsten Menschen kennen und erhält einige Bestätigung für ihre Entscheidung. „Manchmal sitze ich dann mit alten Ehepaaren noch an einem Tisch. Ich sehe, wie genervt die Frauen ihre Männer anzischen und wie die die Augen verdrehen. Wenn die Männer dann meist früher ins Bett gehen, erzählen mir die Frauen, wie sie mich beneiden, aber dass sie nicht so mutig sind. Ich finde das unglaublich traurig. Wir haben ja nur dieses eine Leben. Ich glaube nicht, dass man Gott oder wer immer da oben zuständig ist noch eine zweite Runde abschwatzen kann – so nach der Devise: Dasselbe noch einmal bitte, aber diesmal ohne Horst, Günter oder Dieter."

Sex: Schatz, du weißt ja, wo alles steht …

Das Bdelloida-Rädertierchen hat seit 80 Millionen Jahren keinen Sex mehr gehabt. Viele Frauen, die länger als eine Bundesligasaison mit ihrem Mann verbandelt sind, können da durchaus mitreden. Auch sie denken bisweilen, dass sie beim letzten Mal mit dem Gatten noch Dinosaurier im Vorgarten grasen sahen. Und das liegt nicht daran, dass Frauen tun, was das Klischee von der weiblichen Sexualität ihnen vorschreibt: nämlich den Beischlaf nach Kräften zu verweigern. Es sind – und das ist die große Überraschung der mittleren Jahre – zunehmend die Männer, die sagen: „Och nö. Nicht jetzt. Gleich läuft Sportstudio." Wenn sie überhaupt etwas sagen. Denn meist begleitet ein tiefes Schweigen die Frage: Wann hatten wir eigentlich das letzte Mal Sex? Und: Wann werden wir es wieder tun?
Das jedenfalls ergibt eine ziemlich repräsentative Umfrage im Freundinnenkreis. Und nicht bloß dort. Ärzte und Wissenschaftler sprechen bereits von einer neuen Volkskrankheit: LSD. Nein, nein, nicht das spaßige Zeug, mit dem der Gatte aussieht wie eine von diesen Prilblumen aus den 70er-Jahren. LSD steht für „Low sexual desire", zu Deutsch: Keinen Bock auf Sex. Besonders mit fortschreitendem Alter passiert im Laufe der Jahre da nämlich mit Männern eine ähnlich radikale Metamorphose wie sie einst Kafkas Gregor Samsa erlebt hat. Nur dass sie sich nicht in einen Käfer, sondern in eine Feuerameise verwandeln. Die drücken sich auch so gut es geht davor, ihren Weibchen die

Kleider vom Leib zu reißen. Experten schätzen, dass jeder zweite Mann zeitweilig oder auch dauerhaft keine Lust hat. Dass die Zahlen so schwanken, liegt daran, dass Männer fast lieber im Röckchen zur Arbeit gehen würden, als freiwillig ein Thema anzusprechen, das auf ihrer Peinlichkeitsskala noch vor Schweißfüßen und Haarausfall rangiert (wie eine Umfrage mit 3500 Männern für einen Pharmakonzern ergab). Immerhin einer hat mal gesprochen und zur Ursachenforschung beigetragen – der Mann einer Französin. Sie hatte ihren Gatten verklagt, weil er seine „in der Ehe liegenden Pflichten" nicht erfüllte, und bekam deshalb vom Gericht 10 000 Euro Schadenersatz zugesprochen. Die Begründung: „Die Erwartungen der Frau waren gerechtfertigt, da eine sexuelle Beziehung zwischen Verheirateten Ausdruck ihrer Zuneigung ist." Das lockerte dem Exmann (das Paar hatte sich scheiden lassen) dann doch die Zunge. Er führte gesundheitliche Probleme und lange Arbeitszeiten an. Der Argumentation wollten die Richter allerdings nicht folgen. Schon tröstlich, das Wissen: Man ist nicht die einzige Frau auf dem Planeten, die keinen oder nur noch sehr selten Sex hat. Man ist ja ohnehin stets geneigt, sich als Einzelschicksal zu begreifen, dem es offenbar so an erotischer Anziehungskraft mangelt, dass sich nicht mal mehr der eigene Mann freiwillig erbarmt. „Man muss halt sagen, was man will!", meint eine Freundin. Aber ist das nicht enorm demütigend? Um Sex zu betteln? Ihn als eine Gefälligkeit zu behandeln, von männlicher Großmut abhängig zu sein? Ohnehin die denkbar undankbarste aller Sex-Stellungen. Gehört es sich nicht andersherum? Dass der Mann immer will und die Frau gnädig sagt: „Okay, dann will ich mal nicht so sein! Und vergiss nicht, Danke zu sagen."? Klingt albern – aber mal ehrlich, so ein Rest dieses 50er-Jahre-Denkens spukt schon noch in manchen Köpfen herum. Egal, wie scharf wir selbst darauf wären, nach allen Regeln der Kunst flachgelegt zu werden. „Es ist einfach wider die Natur, dass ich Jörg auch noch beknien soll, mit mir Sex zu haben. Er bringt schon nicht den Müll runter. Und für irgendwas muss er doch auch gut sein", argumentiert Gerhild an sich sehr logisch. Aber liegt in dieser Haltung nicht irgendwie auch ein Teil der Ursachen für die erotischen Nullrunden verborgen?

Die Hamburger Gynäkologin und Autorin Dr. Anneliese Schwenkhagen hat es in einem Interview mit der ELLE so formuliert: Sie meint, das Verführen, Belagern, Umgarnen als reine Männersache zu betrachten, sei „schlicht die falsche Erwartung und oft Teil des Problems ‚Lustlosigkeit'". Das gilt auch für das Motto „Schatz, du weißt ja, wo alles ist". „Mein Ansatz ist immer ‚Sex mit Selbstbeteiligung', den Frauen zu sagen: Tu etwas, werde initiativ, bring dich ein!" Auch auf die Gefahr hin, Hochnotpeinliches zu erleben – zum Beispiel eine Abfuhr. Das Risiko gehört dazu. Oder, wie es bei der Schriftstellerin Ingeborg Bachmann heißt: die Tapferkeit vor dem Freund. (Fragen Sie bloß mal Ihren Mann, wie es sich damit lebt.)

Mut ist ohnehin das wichtigste Sex-Toy für die Frau über 50. Man braucht es praktisch dauernd. Um zu sagen, dass man will. Um zu formulieren, was genau. Um zu ertragen, dass sich Sex nach einer längeren Durststrecke schon mal so anfühlt, als würden zwei Elefanten versuchen, den Schwanensee zu tanzen. Und um konsequent wegzuhören, wenn der innere Quengler ausgerechnet dann mit Selbstbeschimpfungslitaneien beginnt, wenn es gerade richtig aufregend werden könnte: „Besser nicht mehr oben liegen. Auf keinen Fall zu viel Licht. Bestimmt merkt er, dass ich schon wieder fünf Kilo zugenommen habe. Von der Seite sieht mein Gesicht sicher aus, als könnte man damit Ziehharmonika spielen. Wie konnte ich nur auf die Idee kommen, jemals wieder Sex zu haben? Nackt? Mit meinem Mann?" Dann ist die menopausentypische Scheidentrockenheit auch nicht gerade ein Beitrag aus der Rubrik „55 Dinge, die Sie scharf machen". Eine Freundin sagt, die Scheidentrockenheit sei so extrem gewesen, dass der Gynäkologe nicht mal hätte einen Abstrich machen können. Seitdem nimmt sie östrogenhaltige Cremes. „Das hat beim Sex vorher so sauweh getan, dass ich schon beim Gedanken daran überhaupt keine Lust mehr hatte." Ja, das ist nichts für Memmen. Da muss schon Superwoman ran. Auch um den Kilimandscharo an Erwartungen abzubauen. Das Kryptonit der Lust.

Ich leide unter Scheidentrockenheit, die mir ziemlich den ganzen Spaß am Sex verdirbt.

Jetzt hat mir eine Freundin Olivenöl empfohlen, das würde super wirken. Nur: Wie begründe ich meinem neuen Freund gegenüber das Schälchen mit Olivenöl neben dem Bett?

Alexandra, 45, aus Hannover

Dr. Herbst: Sie könnten natürlich noch eine Flasche Balsamico, ein paar Scheiben Weißbrot und etwas Meersalz dazu stellen und erklären, das sei für den Mitternachtssnack. Aber ehrlich gesagt: Wenn die Lust groß ist, könnte sogar ein Eisbär auf Ihrem Nachtschränkchen sitzen, ohne dass das bei Ihrem Freund zu größeren Irritationen führen würde. Falls er trotzdem fragt: Einfach erklären.

Das Gute am Schlechten

Sex ist der Beckenbauer unseres Liebeslebens. Er steht bei uns dauerhaft auf einem ziemlich hohen Podest. Ganz egal, was er in den Niederungen des Alltags für kapitale Böcke schießt. Alle sind fest davon überzeugt: Eigentlich ist er ja ganz anders. Er hat sich quasi überhaupt davon emanzipiert, bloß irdisch, ziemlich mittelmäßig und manchmal total öde zu sein. Falls er überhaupt stattfindet. Klar, am Anfang einer Liebe muss man sich dauernd paaren. Das ist der Plan der Natur. Ja, auch während die Eltern im Wohnzimmer sitzen, auf die Schnelle auf dem Küchentisch und sogar, wenn „Tatort" läuft. Wegen der Fortpflanzung und um schon mal eine innige Verbindung herzustellen. Ist die Beziehung dann gefestigt, sind Kinder da, hat der Sex seine Hauptaufgaben schon mal erledigt.

Jetzt, in den mittleren Jahren, könnte man es einfach aus Spaß tun. Immerhin unter extrem guten Voraussetzungen: Testosteron stimuliert bekanntlich die Lust auf Sex – davon haben Frauen jetzt eine Menge mehr als je zuvor. Umgekehrt sorgt die Andropause dafür, dass Männer nun etwas länger brauchen und – erotisch gesehen – aus der Formel 1 aussteigen, um eher zum Nordic Walker zu mutieren. Hach, das wäre endlich mal ein fantastisches Timing.

Und noch ein strategischer Altersvorteil: Guter Sex ist, wenn man sich hingeben kann. Das erfordert Vertrauen. Gleichzeitig kennt man sich gut genug, um es auch immer mal wieder sein zu lassen. Weil man Stress hat, zu viele andere Dinge im Kopf bewegt. Sex ist ohnehin nun nur eine Möglichkeit von vielen, sich zu zweit zu amüsieren. Und nutzt man sie, muss auch nicht zwingend jedes Mal die Erde beben. Man braucht nicht mal erst Lust, um miteinander ins Bett zu gehen. Dr. Anneliese Schwenkhagen: „In unseren Köpfen steckt immer noch diese Idee, die wir auch Sexualforschern wie Masters & Johnson verdanken, dass erst das Begehren kommt und dann der Sex. Doch in den allermeisten Beziehungen kommt die Lust beim Sex.“ Nach vielen gemeinsamen Jahren sollte man das eigentlich wissen. Auch dass die Erwartung, beide müssten gleichzeitig und ganz spontan Sex wollen, eine Illusion ist. Wir haben ja zwischendurch kaum mal Zeit für ein Gespräch. Und dann könnten wir theoretisch immer, was praktisch zur Folge hat, dass man nie mehr dazu kommt. Bloß weil man nicht so spießig sein will wie die Eltern, die immer samstags nach dem Baden oder sonntagmorgens, wenn sie glaubten, dass die Kinder noch schlafen, miteinander ins Bett schlüpften.

Sex muss eben auch einmal ganz unsensationell sein dürfen, so der Heidelberger Sexualtherapeut Ulrich Clement: „Die aufregenden sexuellen Erlebnisse sind nur zu haben, wenn man die weniger aufregenden ebenso bejaht. Der sexuelle Alltag verhindert nicht das erotische Fest und umgekehrt auch nicht. Im Gegenteil: Das Fest braucht den Alltag. Erst im Kontrast zum Alltag macht das Fest einen Unterschied.“ Kurz: Guter Sex braucht schlechten.

„Und was brauche ich, wenn mein Mann überhaupt keinen Sex mehr will?“, fragt sich Bianca. „Einen schicken Latex-Anzug und eine Peitsche etwa, wie in ‚Shades of Grey‘?“ Auf die Idee sind offenbar sehr viele Frauen gekommen. Das zeigt nicht nur der Anstieg an Feuerwehreinsätzen bei Paaren, die sich mit Handschellen in ausweglose Situationen gebracht haben. Auch der Absatz des einschlägigen Equipments – etwa von „Latex Fruchtblase XL, Saunasack in ROT“ (52 Euro), „Latex Maske Kopfsack, Henkermaske ohne Öffnungen“ (35 Euro) oder „Loveballs mit Kettchen“ (79 Euro) – soll enorm an Fahrt aufgenommen haben. Ob das genauso für das solchermaßen aufgerüschte Sexleben jener gilt, die sich einen Erotik-Booster davon versprochen haben, ist nicht überliefert. Darf aber bezweifelt werden, weil das, was Frauen an der Lektüre wirklich erregend fanden – im Unterschied etwa zur „Analkette" (23,90 Euro) –, nicht zur im Internet vertriebenen „Shades of Grey Collection" gehört: der superreiche, superschöne Christian Grey. Der Mädchentraum mit Haue.

Es gibt eben kein Geheimrezept, keinen Knopf, den man bloß zu drücken braucht. Das ist gleichzeitig die gute und die schlechte Nachricht. Es bedeutet, dass man selbst etwas dafür tun muss, um wieder Sex zu haben. Zum Beispiel erst mal sein Oberstübchen aufräumen. Ein paar von den Kitschartikeln dort gehören dringend auf den Sperrmüll oder in die Hände der jüngeren Generation. Wir sind jetzt erwachsen. Es wäre absurd, die Qualität unseres Sexlebens nach denselben Kriterien zu bemessen wie mit 30. Sex überfällt uns nicht mehr. Und (jetzt bitte Taschentücher rausholen): Er wird nie mehr so leidenschaftlich und besinnungslos wie früher, sollte er es überhaupt jemals gewesen sein. Das ist sehr gut so. Denn nun können wir ihn viel vernünftiger angehen. Das bedeutet auch: keine Verzweiflung, keine Panik, keine Sex-Untergangsfantasien. „Je länger Partnerschaften dauern, desto mehr ist Erotik eine Frage der Entscheidung und aktiven Gestaltung", sagt der Sexualtherapeut Ulrich Clement. Und: „Erotik lässt sich weder erzwingen noch herbeireden." Man muss es nicht nur tun, sondern auch gelassen lassen können. Ohne dieses blöde Gefühl, der Beziehung gerade beim Harakiri zuzuschauen.

Auch lange Durststrecken sind kein Problem – wenn beide damit zufrieden sind. Und wenn nicht, dann muss man etwas tun. Der Sexualforscher Michael Berner hat da einen ganz plausiblen Vorschlag: „Wenn ich mit Frauen spreche, frage ich immer: Bekommen Sie gerne Blumen? – Na klar bekomme ich gerne Blumen. – Und wann haben Sie zum letzten Mal Ihrem Mann

gesagt, dass Sie gerne Blumen bekommen?! Die Wahrscheinlichkeit, dass Sie Blumen bekommen, ist deutlich stärker, wenn Sie den Wunsch anmelden, das auch zu bekommen."
„Und was ist, wenn der Sex wirklich so langweilig und auch schlecht ist, dass man lieber gar keinen mehr hat? Aber sich auch nicht trennen will, weil sonst alles super läuft?", fragt Luise und sagt auch gleich, dass sie diese Frage natürlich aus reiner Neugier und keinesfalls als Betroffene stellt. Hm. Dann gilt es zu überlegen, ob man selbst etwas zu dieser trostlosen Performance beigetragen hat. Vorschnelles Beklatschen? Vorgetäuschte Orgasmen (nicht gelegentlich, sondern meistens)? Huschhusch-Sex, damit es möglichst bald vorbei ist? „Die Männer haben versäumt, die Bedienungsanleitung für ihre Frauen zu lesen, aber die Frauen haben sie ihnen auch nicht vorgelesen", hat die bekannte und leider viel zu früh verstorbene Sexualforscherin Ulrike Brandenburg einmal gesagt. (Das soll allerdings keine Entschuldigung sein für all die erotischen Analphabeten da draußen.)
Dass letztlich immer auch das Gegenteil von dem stimmt, was gerade als Nonplusultra eines wunderbaren Sexlebens propagiert wird, zeigt die Erfahrung. Marlene und Sven etwa, beide gerade 62 geworden, haben nämlich sehr viel und sehr guten Sex miteinander. Einen, den es gar nicht so geben dürfte. Denn entgegen der Behauptung, dass Leidenschaft immer auch Fremdheit braucht, kennen sich die beiden wirklich bis in die letzte Hautfalte. Nichts wird im Dunkeln gelassen – weder Pickel am Po noch Verdauungsprobleme. Selbstverständlich lässt sich Marlene nicht vom Zähneputzen abhalten, bloß weil Sven gerade auf der Toilette sitzt. Umgekehrt ist er in all ihre Unterleibs- und sonstigen Körperthemen bestens eingeweiht. Trockene Scheide und „das extrem lange Haar", das seit Neuestem regelmäßig auf ihrer linken Brust wächst, inbegriffen.

Gibt es etwa ein neues Sex-Rezept? Eines, das noch nicht in der „Cosmopolitan" stand? „Wir tun es einfach. Wenn wir Zeit haben. Und wir sorgen dafür, dass es die gibt. Wir legen uns zum Beispiel ins Bett, um zu lesen, oder auch, um uns einfach zu unterhalten. Ich sage auch manchmal, dass ich jetzt gern Sex hätte. Und manchmal sagt Sven dann, dass er keine Lust hat. Und dann versuchen wir es trotzdem. Oder wir lassen es eben. Aber ob das ein Rezept ist? Keine Ahnung. Braucht man denn eines?" Nö, vermutlich nicht. Das zu wissen, könnte vielleicht sowieso das beste Rezept von allen sein.

9

Neuer Mann, neues Glück?

Nach meiner Trennung vor nunmehr knapp sechs Jahren empfand ich es als merkwürdig, auf einmal wieder auf der Seite der Singles zu stehen. Einen Partner an der Seite zu wissen, gibt eben auch Sicherheit. Man ist nicht allein, da ist jemand, der sich kümmert. Auch ich musste mich quasi neu sortieren. Lernen, nicht mehr „wir", sondern „ich" zu sagen. Selbst wenn man die Trennung wollte, ist in der ersten Zeit vieles schwer. Man gibt ja auch eine Idee auf, den Gedanken von der lebenslangen Beziehung. Klar, es ist eben auch ein Scheitern. Man zweifelt immer mal wieder und hadert. Auch die Außenwirkung ändert sich. Jetzt ist man Alleinstehende und damit irgendwie potenzielle Konkurrenz. Plötzlich legen andere Frauen besitzergreifend den Arm um ihre Ehemänner. Gerade so, als wären Singlefrauen ständig auf der Pirsch und würden alles anspringen, was ein wenig mehr Testosteron intus hat als eine gemeine Fruchtfliege. Zu Abendessen im Ehepaarkreis ist man nicht mehr, oder nur noch sehr selten, geladen.
Es ist komisch, aber man wird von nun an absolut anders wahrgenommen. Eben auch als Bedrohung. Vielleicht weil man unerlaubt seinen Platz verlassen hat. Vielleicht weil die eigene Entscheidung andere zum Nachdenken über ihre eigene Beziehung animieren könnte. So oder so – ich habe Zeit gebraucht, um mich mit der neuen Situation anzufreunden, und an eine Männer-Neuanschaffung erst mal keinen Gedanken verschwendet.
Mittlerweile aber halte ich die Augen durchaus offen. Was heißt das: Ich suche nicht obsessiv nach einem neuen Partner, aber ich bin generell auch nicht abgeneigt. Ein Mann an meiner Seite wäre schön, aber auch ohne Mann kann das Leben sehr schön sein. Glück, so viel habe ich in meinem 51-jährigen Leben immerhin gelernt, hat nichts damit zu tun, ob man einen Mann an seiner Seite hat. Für sein Glück ist man zum Glück selbst verantwortlich.

15 Kilo Selbstbewusstsein

Kann man einem neuen Mann einfach so seinen nicht mehr ganz so neuen Körper zeigen oder sollte man vorher lieber 15 Kilo abnehmen, um 15 Kilo selbstbewusster zu sein?
... fragte ich Dr. Eva Milbradt-Zeuzem. Die Diplompsychologin arbeitet als Psychotherapeutin in einer verhaltenstherapeutischen Praxis in Bruchköbel.

Dr. Milbradt-Zeuzem: Frauen sind da gerade im fortgeschrittenen Alter absolut souverän. Natürlich haben nicht alle eine Traumfigur. Aber deshalb würden sie doch nicht auf Sex verzichten. Außerdem ist es ja so, dass Frauen gerade nach einer unglücklichen Trennung sehr viel für sich tun, sich mehr um sich kümmern und dann oft tatsächlich ohnehin besser aussehen als in ihren Ehezeiten.
Wieso dann dieser Druck, ausgerechnet beim Sex unbedingt auch gute Haltungsnoten abzuräumen, anstatt einfach bloß an den Spaß zu denken?
Dr. Milbradt-Zeuzem: Es gibt Frauen, die die Zweisamkeit unglaublich hoch bewerten. Sie haben das Gefühl, sie wären nicht vollwertig ohne einen Mann. Für diese Frauen ist es sicher schwer, weil sie so zwanghaft auf der Suche sind. Aber für die meisten ist es eher so, dass sie sich ganz einfach neu verlieben. Oft sind das dann übrigens Beziehungen, in denen man sich viel mehr Mühe miteinander gibt – mit dem und für den anderen. Wo guter Sex gerade deshalb entsteht, weil er gar nicht als das Allerwichtigste empfunden wird. Ganz einfach aus der Vertrautheit heraus. Darauf kann man sich verlassen und deshalb braucht man eigentlich gar keinen so großen theoretischen Überbau und schon gar keine Angst zu haben.

Männer-Bringdienst

Dennoch ist ein Mann natürlich ein – im besten Fall – überaus liebenswertes Extra. Nur: Wo findet eine Frau über 50 ein solch seltenes Exemplar? Leider werden Männer ja nicht auf Bestellung nach Hause geliefert. So ein Männer-Bringdienst hätte wirklich viel Schönes: „Einmal die Zwei mit allem bitte und dazu eine Extraportion Humor, Großmut und Intelligenz!"
Um Männer zu treffen, muss man raus aus dem Haus. Sich aufraffen und aufhübschen. Oder man geht ins Netz und versucht sich dort einen zu angeln. Ständig hört man ja vermeintliche Erfolgsgeschichten von Paaren (homo und hetero), die sich bei irgendwelchen Partnerbörsen kennengelernt haben und total happy miteinander sind.
Da ich noch ein schulpflichtiges Kind habe und morgens früh raus muss, kann ich mir nicht dauernd die Nächte in Bars um die Ohren schlagen. Clubbesuche sind in meinem Alter auch eher grenzwertig. Ich beschließe also dem Internet erstmals auch eine Chance zu geben und melde mich bei einer Partnerschaftsbörse an. Das heißt, ich versuche es. 35 Minuten vergehen allein dabei, einen Namen zu finden, der noch nicht vergeben ist und nicht superdämlich klingt. Heiße ab jetzt „Fraufrankfurt". Ja, das ist auch nicht grandios, aber wenn man andere Namen auf dem Portal sieht, hatten die Benutzer entweder noch weniger Zeit oder sind einfach nur richtig schräg drauf. Warum um alles in der Welt nennt sich ein angeblich erwachsener Mann „Kamelle aus Mettmann"? Ist er Bonbonproduzent? Liebt er süße Drops? Verzapft er jede Menge alte Kamellen? Und wieso heißt jemand Boppes? Liegt dort der Schwerpunkt seiner Persönlichkeit? Tiny man? Little Thommy? Machen diese Namen Lust auf mehr? Traummann sucht ...? Was denken sich Männer bei solcher Namenswahl? Oder denken sie darüber, wie über

so vieles andere auch, gar nicht groß nach? Sind das – wie bei mir – Verlegenheitslösungen?
Dass es eine enorme Zeitersparnis sein soll, im Netz zu fischen, erweist sich schon mal als Gerücht. Allein Profile auszufüllen, dauert ewig. Man will witzig, kreativ, freundlich, originell klingen. Schon die Frage nach einem Motto hat mich eine gute halbe Stunde beschäftigt. Ich entscheide mich für „Wer jammert, hat noch Kapazitäten". Vielleicht sortiert das die wehleidigen Kerle direkt aus. Auch die 25 Fragen, die dieses Profil mir stellt, sind nicht ohne. Frage eins: Was macht Ihren Traummann aus? Ich antworte mit: Warmherzigkeit, Humor, Klugheit! Das Handelsübliche eben ... Dann: Was ist Ihnen wichtig in einer Beziehung: Respekt, Leidenschaft, Spaß und Freundschaft. Sternzeichen: Skorpion.
Schon nach Frage drei habe ich eigentlich genug. Ein paar Eigenschaften machen eben noch nicht den Traummann aus. Aber nur weil einige Parameter stimmen, beide gern Golf spielen und über Dieter Nuhr lachen können, muss es trotzdem nicht funken. Chemie ist schwer beschreibbar. Gemeinsamkeiten sind schön, machen aber noch keine Liebe. Und muss es überhaupt der Traummann sein? Reicht nicht einfach ein toller, interessanter Mann? Ist die Suche nach einem Traummann nicht per se vermessen und zum Scheitern verurteilt?
Ich stelle ein schönes Foto ins Netz, ein aktuelles und nicht zu aufpoliertes. Es wäre mir peinlich, wenn man mich in Wirklichkeit dann nicht erkennen könnte. Natürlich sucht sich jeder ein möglichst gutes Foto raus, um sich zu präsentieren, aber eine gewisse Ähnlichkeit und Aktualität ist doch wünschenswert. Mir hat ein Kollege erzählt, dass er ein Date mit einer Onlinebekanntschaft hatte und die dann mindestens 20 Jahre älter war als ihr Foto im Netz. Er hat sie im Restaurant gar nicht erkannt. Das finde ich dann doch kontraproduktiv. Und peinlich dazu.

Ganz abgesehen von der Zeitverschwendung. Jemand, der eine 30-Jährige erwartet, wird angesichts einer 50-Jährigen vermutlich nicht sagen: „Schwamm drüber". Und schon vor Beginn einer Beziehung so granatenmäßig angeschummelt zu werden, ist keine gute Voraussetzung für eine gemeinsame Zukunft.
Mir ist klar, dass mich Männer erkennen könnten. Dass sie wissen werden, wer ich bin. „So was kommt halt von so was", würde meine Oma sagen. Wer seinen Kopf ins Fernsehen steckt, muss damit rechnen, erkannt zu werden. „Ist dir das nicht peinlich?", fragen mich Freundinnen. Eigentlich nicht. Oder nur ein ganz kleines bisschen. Schließlich tue ich nichts Illegales. Internetpartnersuche ist mittlerweile ein völlig normaler Weg der Beziehungsanbahnung. Und wieso soll ich darauf verzichten, bloß weil ich ein paar Mal im Fernsehen gewesen bin?
Tatsächlich bekomme ich Nachrichten von Männern, die erst mal fragen, ob ich die bin, die sie glauben erkannt zu haben. Dem ersten schreibe ich zurück, ob es schlimm wäre, wenn ich Susanne Fröhlich wäre. „Na ja", äußert er sich verhalten, „die ist schon eine ziemliche Plaudertasche, aber du bist eh viel dünner." Das ist einerseits ärgerlich, andererseits erfreulich. Ich antworte ihm nicht. Will keine Plaudertasche sein. Andere erkennen mich und sind angeblich begeistert. „Was willst du denn hier?", fragen sie erstaunt nach. Na was wohl? Einen Kühlschrank? Einen Toaster? Einen Gebrauchtwagen?
„Einen Mann und Recherche", antworte ich. Sie sind überrascht. Halten es für unmöglich, dass jemand, der in den Medien präsent ist, auf solche Hilfsmittel zum Kennenlernen zurückgreifen muss. Ein gewisser Bekanntheitsgrad macht die Suche tatsächlich nicht leichter. Eher im Gegenteil. Auch Freundinnen, die Fernsehen machen und dadurch natürlich ebenfalls ab und an in der Öffentlichkeit erkannt werden, haben Schwierigkeiten. „Niemand spricht mich je an!", jammert eine ziemlich

prominente Kollegin. „Ich weiß nicht, ob sie sich nicht trauen oder ob sie denken, die Typen ständen eh schon Schlange. So oder so, ich werde nie mehr einen Kerl finden. Außerdem, eine gewisse Prominenz macht Frauen nicht unbedingt attraktiver. Die wenigsten Männer möchten eine Partnerin, die bekannter ist als sie selbst. Und dazu muss man sich immer fragen, ob einem nicht passiert, was Sylvie van der Vaart – jetzt Meis – widerfahren ist: dass der Lover, noch bevor er Kaffee macht, mit der BILD telefoniert. Und möglicherweise seine Story mit einem Foto garniert: nachts gemacht, wenn man mit halboffenem Mund nackig unvorteilhaft daliegt!"

Generell gilt: Erfolgreiche Frauen, egal in welcher Branche, tun sich schwerer. Karrierefrauen gelten inzwischen als kaum vermittelbar. Angeblich liegt das nicht nur an Männern, die abgeschreckt sind, sondern auch an den Frauen selbst. Sie seien zu anspruchsvoll, zu forsch, zu fordernd, und anstatt den Porsche vorsichtshalber daheim in der Garage zu lassen und mit dem Kleinwagen vorzufahren, würden sie auch noch ausplaudern, was sie wirklich verdienen. Diesen Frauen wird oft empfohlen, mehr von ihrer weichen Seite zu zeigen. Sich nicht zu bossy zu präsentieren. Aber will man sich verstellen? Säuseln: „Horst, echt das ist ja unglaublich, wie klug du bist?" Selbst wenn er Kampala, die Hauptstadt von Uganda, gerade mal eben nach Bolivien verlegt hat? Und dann auch noch mit seinem – richtigen – Wissen hinterm Berg halten, bloß um das zarte männliche Ego nicht mit dem leisesten Hauch Selbstzweifel in Berührung zu bringen? Brauchen Männer diese Form der Bewunderung?

Es heißt, Frauen orientieren sich nach oben. Ihr Beuteschema ist daher sehr eng. Oben wird die Luft dünner und die Auswahl geringer. Heißt: Die Oberärztin will den Krankenpfleger nicht, der Chefarzt hingegen hat kein Problem, die Sekretärin zu daten. 92 Prozent aller Frauen heiraten einen Mann, der höher oder zumindest gleich gebildet ist, hat die Uni Madgeburg herausgefunden. Vielleicht erklärt das, weshalb nur 40 Prozent der Karrierefrauen verheiratet sind. Bei den Alphamännchen, den Businessmännern, sind es dagegen 90 Prozent. Die Männer in den Chefetagen haben also die große Auswahl, können alle kriegen. Während nicht nur die Zahl der Akademikerinnen steigt, sondern damit eben auch die Zahl der Singlefrauen. Beruflicher Erfolg macht Frauen im Gegensatz zu Männern als Partner nicht eben attraktiver. Müssen wir also unser Beuteschema erweitern oder allein zu Hause auf unserer Designercouch vergammeln?

Ich denke darüber nach. Über mein Anspruchsprofil. Muss der Mann an meiner Seite genauso viel Geld verdienen? Unbedingt Akademiker sein? Wozu eigentlich? Schließlich befinde ich mich in einer ganz anderen Lebensphase als vor 20 Jahren. Ich will keine Kinder mehr, keine Familie gründen, ich möchte einen Mann, der mich liebt und mit dem ich gern Zeit verbringe. Kann der nicht ebenso gut Elektriker sein? Spielt das eine Rolle? Ich nehme mir vor, offener zu sein. Meinen Blickwinkel zu vergrößern.

Was ich jedoch zurückbekomme, ist eher Schmalspurniveau. Die Anfragen, oft eher schon Anmachen, die mir gesendet werden, nachdem mein Profil online ist, sind zum Großteil ausgesprochen ernüchternd. Oft ohne nette Anrede, kein Bitte, kein Danke, kein Gruß, kein Drumherum. BayernM schreibt mir: „Füll doch mal deinen Beziehungstest aus ...“ Wieso sollte ich das tun? Wäre ein klitzekleines Hallo nicht nett gewesen? Was soll ich von einem Mann halten, der beim Erstkontakt via Nachricht so kurz und spröde schreibt? Ich höre ihn schon direkt aus dem Wohnzimmer rufen: „Hol mal ein Bier!“ Ein bisschen Mühe und dazu ein Hauch Umgangsformen sollten doch vorhanden sein! Eigentlich Grundausstattung.

Überhaupt: Schaut man sich die Männerprofile an, weiß man, da liegt vieles im Argen. Mit der Dienstleistung „Männerprofil-Erstellung“ könnte man sehr viel Geld verdienen. Die meisten haben eine Überarbeitung dringend nötig. Allein die Fotoauswahl ist ein Graus! Kennen diese Männer niemanden, dem sie mal ihre Profilfotos zeigen können? Jemanden, der ihnen sagt: Auf keinen Fall das Bild in den Bermudashorts und mit den Birkenstocksandalen! Auch niemals das Bewerbungsfoto für den Job des Sparkassenleiters! Und bloß nicht dauernd das Motiv „Mein Motorrad und ich“. Auch mehr als zwei Rechtschreibfehler in einem Satz machen keinen tollen Eindruck. Ich versuche wirklich nicht zu streng zu sein, schließlich werde ich auch nicht gern streng behandelt. Jan, 24, aus Frankfurt, findet mein Bild symphatisch und möchte mich kennenlernen! Er sucht Frauen zwischen 18 und 56 Jahren! Mangelnde Flexibilität kann man ihm jedenfalls nicht vorwerfen. Glaubt der, ich bin Demi Moore oder Madonna? Ich habe nichts gegen jüngere Männer, aber weniger als halb so alt finde ich schon merkwürdig. Und als Hausaufgabenbetreuung komme ich auch nur in wenigen Fächern in Frage. Dazu kommt: Ich will

nicht erklären, wer die Beatles sind und wie ein Leben ohne Internet war. Jan ist gerade mal zwei Jahre älter als meine Tochter und jünger als der Freund meiner Tochter. Für Männer wie Fritz Wepper und Claus Theo Gärtner wären meine Bedenken wahrscheinlich lächerlich, aber ich sehe mich nicht an der Seite eines 24-Jährigen. Sehr jung macht auch schnell sehr alt. So wie man an der Seite einer Dünnen schnell dick wirkt, wohingegen ein Foto mit Rainer Calmund sehr schmeichelhaft sein kann. (Das bedeutet allerdings im Umkehrschluss nicht, dass man sich in der Seniorenwohnanlage umsehen sollte, nur um auf Fotos jünger zu wirken.)

Jan bleibt nicht meine einzige Anfrage aus der Gruppe der Männer unter 30. Das Anbändeln mit Frauen aus der Muttergeneration liegt im Trend. Anscheinend gelten ältere Frauen als williger oder leichter zu haben. Oder haben diese jungen Kerlchen alle Väter, die ihnen augenzwinkernd Sprüche wie „Auf einem alten Fahrrad lernt man fahren“ oder „Neue Besen kehren gut, aber die alten kennen die Ecken besser“ mit auf den Lebensweg gegeben haben? Oder ist es nur das bekannte und grässliche „Resteficken“? Einer schreibt mir sehr direkt: „Lust auf unverbindlichen Sex?“ Also Sex ohne Zusatzfeatures wie Müll runterbringen, anregende Gespräche und romantische Abende auf der Couch. Keine Beziehung, keine Ambitionen, kein Kinobesuch, kein Urlaub in der Toskana, nur Sex. Dazu hätte ich offenbar reichlich Gelegenheit. Ich könnte eine Menge Knapp-nicht-mehr-Minderjähriger treffen. „Ältere Frauen“, erklärt mir ein jüngerer Mann im Gespräch ganz offen, „haben nicht so viele Ansprüche. Die wollen nicht gleich Kinder und das ganze Gedöns. Die sind mit wenig zufrieden. Die sind ja oft schon halb vertrocknet.“ Ob bei all diesen Aspekten die Avancen noch wirklich schmeichelhaft sind, wage ich zu bezweifeln. Auch wenn man nicht mehr taufrisch ist, möchte man nicht als

Notlösung gelten. Und selbst wenn man leicht zu haben sein sollte, will man das nicht hören. So viel Respekt sollte sein.

Wäre ich nicht ich, würde ich über die Option „Amüsement mit Twens" vielleicht nachdenken. Unverbindlich. Schließlich mögen auch Frauen, die etwas älter sind, Männer nicht zwingend gut abgehangen. Aber ganz ehrlich: Eine Schlagzeile „Die Moppel-Fröhlich und ihr Toyboy!" kann ich meinen Kindern nicht antun.

Umgekehrt möchte ich allerdings auch nur äußerst ungern einen Mann, der mit meinem Vater in einer Schulklasse gewesen sein könnte. Ich will nicht direkt in die Altenpflege wechseln. Zehn Jahre älter und zehn Jahre jünger – das ist mein ungefährer Rahmen.

Lebenszeitverkürzende Männer

Etwa gleichaltrige Männer haben einen großen Vorteil. Denn je älter der Mann, desto kräftezehrender ist das für die Frau. Mit jedem Jahr, das der Partner älter ist, steigt das Risiko für sie, früher zu sterben, so das Max-Planck-Institut für demografische Forschung.

Eine Anfrage bekomme ich von einem Beamten aus dem Main-Kinzig-Kreis. Er will mit mir Swinger-Klubs besuchen. Ich erspare mir die Antwort. Würde sich ein Mann so was auch abends in einer Kneipe trauen? Statt: „Hallo, ich bin der Klaus, Lust auf ein Glas Wein?" einfach nur: „Hallo, Lust auf 'nen Besuch im Swinger-Klub?" Vielleicht will er sich nur den teuren Eintritt sparen. Ich habe gelesen, es kommt billiger, wenn man schon mal selbst eine Frau mitbringt. Sozusagen den Kartoffelsalat fürs Buffet. Killt das Internet vielleicht jede Form von Benimm? Fördert die Anonymität, dass jedwede Umgangsform raus ist aus dem Spiel? Darf man hier einfach alles, schon weil niemand jemanden kennt, der von jemandem gehört hat – und es also nicht geahndet werden kann? Anders als im Bekanntenkreis oder in Cliquen oder in der Firma, wo es sich schnell herumsprechen würde, wenn der Klaus die Marion aus der Buchhaltung gleich fürs erste Date zu einem Besuch im FKK-Sauna-Wellness-Club eingeladen hätte. Wobei „einladen" ja nicht mal sicher ist. Möglicherweise hätte er noch am Eingang gesagt: „Also, wir teilen uns den Eintritt." Das Internet kennt eben keine soziale Kontrolle und das bekommt man zu spüren.
Immer neue Angebote trudeln ein. Die Masse führt dazu, dass man sehr viel unbarmherziger aussortiert und schon beim kleinsten vermeintlichen Manko wegklickt. Umgekehrt natürlich auch aussortiert und weggeklickt wird! Wieso sich mit jemandem aufhalten, wenn da noch so viele andere warten und verfügbar sind? Oft sind es Kleinigkeiten: ein seltsamer Hut, ein nackter Oberkörper, Kurzarmhemden (ich hasse Kurzarmhemden) – Ausschlusskriterien gibt es viele. Jemand, der Mario Barth unglaublich witzig findet oder gern Volksmusik hört, kommt für mich sowieso nicht in Frage. Ist das zu gnadenlos oder einfach nur ehrlich? Würde das eine Rolle spielen, wenn man dem „Gesamtpaket" in einem Restaurant begegnen würde?

Wenn sonst alles soweit stimmt? Könnte man dann nicht großzügig sogar über ein Mario-Barth-Faible hinwegsehen?

So nah und doch so fern

Ich bekomme bald Gelegenheit, das herauszufinden. Irgendwann muss man ja raus aus der virtuellen Welt und rein in die Wirklichkeit. Das erste Date steht an. Mein Tipp: Erledigen Sie das schnell. Es bringt nichts, sich monatelang WhatsApp-Nachrichten oder E-Mails zu schicken. Egal, wie witzig, klug und charmant die sind – damit es funkt, braucht es mehr und die Enttäuschung wird eher größer, wenn man zuvor schon sehr viel virtuellen Kontakt gepflegt hat. Die Erwartungshaltung und damit auch die Fallhöhe wachsen ins Unermessliche.
So wie es mir mit M. passiert. Er ist ein kultivierter, fürsorglicher und aufmerksamer Mann. Klug und schlagfertig. Bevor wir uns treffen, haben wir telefoniert. Es ist komisch, mit jemandem zu telefonieren, dem man sich virtuell schon so nahe fühlt und den man trotzdem nicht kennt. Aber mit M. ist es zum Glück kein Problem. Wir schreiben uns einige Tage lang häufig hin und her. Er hat Wortwitz und ist sehr höflich. Eigenschaften, die ich schätze. Dann kommt der Abend, an dem wir erstmals live aufeinander treffen. Wir haben uns in einem Restaurant verabredet. Schon bei der Begrüßung weiß ich: Mit uns wird das nichts. Ich kann gar nicht sagen, warum. M. ist, wie er vorher auch war: nett, freundlich, höflich und interessiert. Man kann sich gut mit ihm unterhalten, er stellt Fragen, er ist geschmackvoll gekleidet und er ist schlau. Alles soweit bestens. Trotzdem funkt es einfach nicht. Warum auch immer. Chemie ist eine unberechenbare Angelegenheit. Ich glaube, ihm geht es ähnlich. Schade. M. ist eine Rarität. Ein Mann mit Stil, der auch noch großzügig ist. Er bezahlt das Essen und bringt mich hin-

terher zum Auto. Nichts davon ist heute Standard. Ich beschließe, mit offenen Karten zu spielen, bedanke mich am nächsten Tag für den Abend und sage ihm, dass ich ihn mag, aber dass ich glaube, wir beide hätten gespürt, dass es für mehr als eine Freundschaft nicht reicht. Ich finde, so viel Ehrlichkeit ist das Mindeste, was er verdient. Wir bleiben trotzdem in Kontakt. Unregelmäßig, aber freundschaftlich.

Ein (sehr) kleiner Italiener

Eine weitere Anfrage kommt von einem Vincenzo. Er hat mich erkannt, will unbedingt mit mir telefonieren und mich treffen. Er ist hartnäckig. Will mein Facebookfreund sein. Ich bin irgendwie nicht so Feuer und Flamme, wie er es offenbar ist. Ich kann gar nicht so genau sagen, weshalb: Vincenzo ist Italiener, wohnt im Rhein-Main-Gebiet. Er läuft Marathon, was ich an und für sich schon mal sehr beachtlich finde. Aber er ist ziemlich klein. „Sei nicht so, Susanne", denke ich. Nur weil er kein großer Mann ist. Immerhin ist er angeblich über 1,70 groß. Gut, er ist kein Vorstandsvorsitzender, sondern Arbeiter bei einem Frachtunternehmen und beim Telefonat stellt sich heraus, dass sein Deutsch auch nach mehr als 20 Jahren in Deutschland ziemlich bescheiden ist. Richtig schlau klingt er leider nicht. Von Wortwitz auch keine Spur. Aber er ist freundlich und scheint hingerissen. Er will mich unbedingt treffen. „War schön, deine Stimme zu hören!", schreibt er mir nach unserem Telefonat. Ich bin unsicher, versuche aber, jedweden Standesdünkel zu begraben, und willige irgendwann ein. Vielleicht ist er ein herzensguter Mensch, der unglaublich leckere Pasta zaubern kann – und hatte ich mir nicht vorgenommen, beim Beuteschema etwas flexibler zu werden? Muss es unbedingt ein intellektueller Überflieger sein? Außerdem ist er schon im

Vorfeld so begeistert von mir und das wiederum ist natürlich schon mal sehr, sehr schmeichelhaft. Als Treffpunkt schlägt er eine Fußgängerzone in Frankfurt vor.
Wir sind vormittags vor dem Apple Store verabredet, um 10.30 Uhr, denn Vincenzo arbeitet im Schichtdienst. Ein Mann mit Tagesfreizeit. Das könnte doch nett sein, denke ich. Er schreibt am Abend vorher und gleich noch einmal am Morgen unserer Verabredung, um das Date zu bestätigen. Ich bin wie immer pünktlich. Im Winter draußen verabredet zu sein, ist keine gute Idee, merke ich schnell. Nach einer Viertelstunde Warten, doofem Rumstehen in der Fußgängerzone, bin ich leicht genervt. Ich schreibe eine Nachricht. „Lieber Vincenzo, jetzt habe ich 15 Minuten gewartet und mir ist wirklich kalt." Noch denke ich, dass er keinen Parkplatz findet. Oder im Stau steht. Aber ein Anruf wäre schon nett. Ein „Entschuldige, ich verspäte mich ein wenig, weil …!". Ich schaue mich um. Sehe viele kleine Männer, aber keinen, den ich für Vincenzo halte. Nach 20 Minuten habe ich nichts gehört und die Faxen dick. Ich schreibe erneut: „So, 20 Minuten. Das reicht. Ich warte nicht wirklich gern und gehe jetzt." Ich bin ziemlich verwundert. Hatte er einen Unfall? Sein Handy verloren? Liegt er im Koma? Hat er mich von Weitem gesehen und gedacht, die geht ja gar nicht? Würde mich wundern. Nicht weil ich so wahnsinnig von mir überzeugt bin, sondern weil der kleine Vincenzo ja weiß, wie ich aussehe. Wollte der nur mal sehen, ob Susanne Fröhlich brav irgendwo auf ihn wartet? War das eine Wette? Ein Test? So oder so – es ist unverschämt.
Da Raten nicht mein Lieblingshobby ist und er auf meine WhatsApp-Nachrichten nicht geantwortet hat, von einer Entschuldigung mal gar nicht zu reden, schaue ich nach, um ihm bei Friendscout eine Nachricht zu schicken. Der Kerl hat mich geblockt! Ich kann weder seine Seite aufmachen noch eine

Nachricht an ihn verschicken. Bis zu diesem Moment war mir gar nicht klar, dass man das machen kann: andere blockieren. Ist der eventuell nicht nur nicht besonders schlau, sondern auch total bekloppt? Hat der gar keine Eier? Kurz überlege ich, typisch Frau, was ich angestellt haben könnte. Mir fällt nichts ein. Ich war verabredet und bin zu der Verabredung gegangen. Hat er Angst vor der eigenen Courage bekommen? Hat er so wenig Stil? Oder ist er einfach nur ein Mega-Arschloch? Ich finde, selbst wenn man mit jemandem verabredet ist, kann man zumindest eine Viertelstunde Kaffee mit ihm trinken. Egal wie er oder sie aussieht. Das gebührt sich so. Anstand ist aber leider nicht im Trend. Spielt, wie ich beim Internetdaten zunehmend merke, schlicht keine Rolle mehr. Warum auch? Niemand wird einen für mieses Benehmen abstrafen.

Ich treffe stattdessen meine beste Freundin, die zum Glück auch gerade in der Stadt unterwegs ist. Meine Empörung über sein schlechtes Benehmen weicht einer gewissen Neugier. Ich würde zu gern wissen, was hinter diesem Verhalten steckt. War ich ihm zu groß, zu dick, zu schick, zu was auch immer? „Ruf ihn halt mal an!“, schlägt Conny vor. Ich nehme ihr Handy, denn er hat meine Nummer, und da er auf keine Nachricht reagiert hat, würde er wohl auch nicht ans Telefon gehen, wenn er meine Nummer sieht. Ich wähle – und er geht tatsächlich ran. Er liegt also nicht im Koma. Das ist in diesem Falle schlecht für ihn. „Hallo Vincenzo“, sage ich, „was sollte denn das?“ Weiter komme ich nicht, denn er legt auf.

Ich muss sagen, ich bin fassungslos. Wie stillos können Menschen sein? Ich schaue mir an, was es auf Google über ihn gibt. Ich kenne seinen Nachnamen nicht, aber anhand seiner Marathonstartnummer, die er auf fast all seinen Fotos sehr stolz auf seiner nicht besonders breiten Brust trägt, ist es kein Problem, etwas mehr über ihn zu erfahren. Sein Nachname ist schnell

entdeckt, den Marathon-Startlisten und seiner Facebookanfrage an mich sei Dank.
Leider darf ich seinen Nachnamen hier nicht veröffentlichen, aber so viel sei gesagt: Vorsicht bei allen Vincenzos. Ansonsten hake ich das Ganze ab. Bin aber ziemlich verwundert. Wieso ist jemand so unglaublich scharf darauf, mich zu treffen, und taucht dann in aller Konsequenz ab? Trotzdem: Da er sowieso eher ein bisschen schlicht war (das habe ich jetzt wirklich noch nett formuliert), beschließe ich, die Sache auf sich beruhen zu lassen. Das habe ich nun von meiner Nettigkeit und dem Entschluss, auch Männern, die eigentlich nicht in Frage kommen, eine Chance zu geben.
Mein nächstes Date erscheint immerhin zur Verabredung. Ja, man wird bescheiden und lernt, sich über solche Kleinigkeiten zu freuen! Auch dieser Mann weiß, wer ich bin. Er ist einer der Gutaussehenden unter den Kandidaten. Sogar in natura hält er, was das Foto versprochen hat. Er weiß das. Aber gutes Aussehen allein ist selbst auf kurzer Strecke und nur für zwei Stunden in der Kneipe nicht abendfüllend. Er ist nett, nicht ungebildet, aber nicht wirklich lustig und der Abend zieht sich. Wir beide merken gleich, dass das mit uns garantiert nichts wird, auch ohne dass es einer ausspricht. Er gesteht, dass er sowieso nur neugierig war, ob ich „ich" bin. Seine Freunde, denen er mein Profilbild gezeigt hat, dachten, er würde verarscht. Das wollte er mal überprüfen. Manchmal wäre ich gern nicht ich. Nur kurz – in diesen Momenten.
Für viele Männer ist das Netz offenbar eine gute Möglichkeit, schnell und einfach viele Frauen abzugreifen. Das erfahre ich so auch von Scott aus Gießen. Auf seinen Fotos (ja, er hat eine ganze Galerie) sitzt er auf dem Mountainbike, auf dem Motorrad, steht im Schnee, steuert ein großes Schlauchboot und so weiter. Es ist wie in dieser Werbung: „Mein Haus, mein Auto,

mein Pferd, meine Yacht …" Er inszeniert sich als Abenteurer und Outdoor-Typ. Scott sieht nicht schlecht aus. Kernig irgendwie. Er wohnt in der hessischen Pampa und wir telefonieren. Es ist schnell klar, dass es sich für mich hier um ein Recherchegespräch handelt. Er weiß, wer ich bin, und erklärt mir bei einem weiteren Telefonat die Faszination von Seiten wie Friendscout. Er verliebe sich immer mal wieder, aber nach kurzer Zeit suche er den erneuten Kick. Die ersten Wochen und Monate seien einfach die schönsten. Warum nicht immer wieder diese Zeit mit immer neuen Frauen erleben? Das Kennenlernen sei so leicht im Netz. Beziehung nerve sowieso oft. Und sei anstrengend.
So wie Scott denken viele. Auch Männer, die eigentlich schon eine Partnerin haben. Hier eine kleine Auswahl. Dolphin66 etwa schreibt: „Bin aus einem südlichen Nachbarland von D und für ein paar Tage (Di – Do) Anfang Feb. 2014 in Darmstadt. Suche eine unkomplizierte Frau, die mit mir durch die Stadt oder evtl. auch Frankfurt streift und den Abend mit mir verbringen möchte." Meine Übersetzung: „Ein schneller Fick mit einer Frau, die keinesfalls Ansprüche stellt! Bin auf Dienstreise, habe keinen Bock auf mühsame Akquise und bin zu geizig, um ins Bordell zu gehen. Außerdem kann ich mir so einbilden, dass ich ein Mordsaufreißer bin, für den es die Frauen auch umsonst tun." Dolphin ist verheiratet, 1,72 groß und wiegt 70 Kilo. Der kleine Kerl sucht für seine Geschäftsreise was zum Spielen. Diet1963, also wahrscheinlich Dieter, geboren 1963, aus Mainz ist ebenfalls verheiratet, hat aber Lust auf Abwechslung: „Ich suche keinen ONS … ich suche eine prickelnde, interessante, berauschende und erfüllende Affäre … gibt es das?" Fremdgeher sind kein neues Phänomen. Aber dass sie jetzt so völlig ungeniert und – wie bei Dolphin66 – sogar mit Bild nach einer Affäre suchen, ist schon erstaunlich. Klar kann man sagen: Diese Männer spielen immerhin mit offenen Karten. Manche sicherlich,

ja. Aber eben längst nicht alle. Vorsicht ist immer dann angeraten, wenn Männer nichts über ihren Beziehungsstatus sagen oder kein Bild zeigen. Da ist die Angst, gesehen zu werden, vielleicht von einer Freundin der Gattin, eventuell zu groß.
Ich bin jedenfalls nach der anfänglichen Euphorie ein bisschen ernüchtert. Habe ich zu Beginn noch ständig geschaut, wer mein Profil besucht hat, wer mich als Favoritin gelistet hat und Ähnliches, ist es mir nach einigen Wochen ziemlich egal. Partnerschaftsbörsen kosten vor allem viel Zeit. Zeit, die man investiert und die leider nicht im richtigen Verhältnis zum Erfolg steht. Mein Eindruck wird von Studien bestätigt. Demnach steht der Aufwand beim Online-Dating in einem ziemlich krassen Missverhältnis zum Erfolg. Nutzer von Dating Sites verbringen durchschnittlich 5,2 Stunden pro Woche mit der Durchsicht von Profilen und weitere 6,7 Stunden, um sich mit potenziellen Partnern per E-Mail auszutauschen. Nur 1,8 Stunden verwenden sie darauf, andere Singles in der realen Welt zu treffen. Dabei würden solche Begegnungen einem nicht nur die viele Zeit sparen, die man braucht, um herauszufinden, dass man sie mit den Falschen verbracht hat. Sie würden es den Stoffeln und Unsympathen, den Egomanen und Fremdgehern deutlich schwerer machen, einfach Frauen „abzuräumen", um dann wieder in den unendlichen Weiten des Internet zu verschwinden.

Wer bin ich und was suche ich?

Ich rede mit Freundinnen über meine Erfahrungen. „Du bist beim falschen Portal", bemerkt eine. „Was nichts kostet, taugt nichts. Du musst zu Parship oder Elite Partner, da geht es seriöser zu." Ich denke darüber nach und beschließe, Parship eine Chance zu geben. Hier muss ich zunächst einen großen Persönlichkeitstest absolvieren. Zur Belohnung schickt mir

Ich habe seit vier Monaten einen neuen Freund.

Im Prinzip läuft es sehr gut, bloß beim Finanziellen verstört er mich doch zunehmend. Er hat mich noch kein einziges Mal eingeladen. Immer verlangt er getrennte Rechnungen. Er kommt meist mit zu mir und lässt sich dann fürstlich bewirten. Kürzlich hatte ich Geburtstag und da ist er mit mir in einen Blumendiscounter gegangen und hat mir mit großer Geste zehn abgepackte Tulpen in die Hand gedrückt.

Marianne, 55, aus München

Dr. Herbst: Geld hat einen direkten Draht zu unseren Gefühlen. Wer sich damit so zurückhält, geizt oft auch mit Zuneigung. Natürlich gibt es immer Menschen, bei denen Knickrigkeit aufgrund der Erziehung so tief auf der Festplatte eingebrannt ist, dass man da kaum noch neu formatieren kann. Sollte er also ansonsten ein wahrer Schatz sein (was ich kaum glauben kann), seien Sie großmütig. Aber nicht so großmütig, Freude dort zu heucheln, wo unmöglich welche sein kann – also mit zehn traurigen Tulpen im Arm. Und halten Sie sich bei der Bewirtung Ihres Sparschweinchens bitte deutlich zurück.

Parship dann ein Parship-Porträt. Ich bin Optimistin, anregend und entschlussfreudig, meint Parship. Ich kenne mich ja nun schon eine ganze Weile und bin deshalb nicht wahnsinnig überrascht. Vieles halte ich auch für fragwürdig. So behauptet Parship: „Häuslichkeit ist nicht gerade das, was Sie in einer Partnerschaft suchen. Ganz im Gegenteil: Sie brauchen Aktivität außerhalb. Es ist nicht Ihre Angelegenheit, die Zeit in den eigenen vier Wänden zu verbringen. Für einen Single ist dieser Lebensstil durchaus richtig, schließlich haben Sie draußen bessere Chancen, Menschen zu treffen. Wenn Sie aber eine feste Beziehung eingehen möchten, sollten Sie ein wenig an Ihrem Häuslichkeitstalent feilen. Selbst mit einem ähnlich nestflüchtigen Partner brauchen Sie intime Zeiten und Räume, um auch in Ruhe zusammenzuwachsen."
Und noch ein Blick in meine Parship-Persönlichkeit: „Mit Ihnen lässt sich das Leben stehlen! In der Liebe sind Sie anregend, unterhaltsam und aktiv. Was diese Grundpfeiler einer guten Partnerschaft zusätzlich festigt, ist Ihre Zuverlässigkeit. Sie setzen Ihre Vorhaben tatkräftig in Bewegung und wahren dabei auf sympathische Art immer die Form. Diese Kombination aus Lebensenergie und Vernunft ermöglicht es Ihnen, mit sehr unterschiedlichen Typen von Männern in einer harmonischen Beziehung zu leben: Menschen mit weniger Energie geben Sie Kraft, die allzu Aktiven können Sie wohltuend bremsen."
Letztlich bringt mich dieses „Profil" aber nicht wirklich weiter. Wie feile ich denn bitteschön an meinem Häuslichkeitstalent? Was um alles in der Welt ist überhaupt „Häuslichkeitstalent"? Ich kann sehr gut auf der Couch rumliegen – fällt das nicht darunter? Ich bin sogar ein bisschen beleidigt, weil Parship meint, dass Herzlichkeit und Gefühle nicht zu meinen Kernkompetenzen gehörten. Stattdessen würde ich von „Instinkt" und „Rationalität" gesteuert.

Aber es geht ja auch weniger um meine Persönlichkeit als um Matching Points. Parship arbeitet mit Übereinstimmungen. Ich gucke mir also an, wer laut Parship zu mir passt, und beschließe schnell zu telefonieren, um nicht zu viel Zeit mit Schriftgeplänkel-Hin-und-her zu verschwenden. Telefoniere mit Uwe, 58, aus Nieder-Eschbach. Es ist 21 Uhr und Uwe ist sturzbetrunken. Ich bin bedient.

Am nächsten Morgen schickt mir Uwe via Parship eine Nachricht: „Ich bin frisch verliebt und wünsche allen anderen das gleiche Glück!" Na, das ging ja flott bei Uwe. Dass sich gestern Abend in seinem Zustand tatsächlich jemand in ihn verliebt haben könnte, ist zweifelhaft, aber dieser Satz ist eine Standardabfuhr bei Parship. Ebenfalls sehr beliebt ist das „Ich schicke dir ein Lächeln" zur Kontaktaufnahme. Was mache ich dann mit dem Lächeln? Zurücklächeln? „Sofort wegklicken!", erklärt mir eine in Parship versierte Freundin.

„Wenn dir irgendwas nicht gefällt – ein Motto, ein Foto, eine doofe Floskel –, weg damit! Alles nur Zeitverschwendung." Das finde ich sehr rigoros und unfreundlich. Es scheint aber Usus zu sein. Alles Standardisierte finde ich ziemlich banal. „Ich schicke dir ein Lächeln" ebenso wie „Dein Foto gefällt mir!". Zu ein, zwei persönlichen Sätzen sollten sich Männer schon aufraffen, finde ich.

Man könnte viel zu Parship schreiben. Man kann es aber auch auf einen Punkt bringen: „Außer Spesen nichts gewesen!" Das liegt mit Sicherheit auch an mir. Nach den Erfahrungen bei Friendscout habe ich mir nicht mehr wirklich viel Mühe gegeben. Vielleicht brauche ich eine Internetpause. „Man muss rausgehen, um Männer zu treffen!", findet Conny. Schon weil sie ihren Mann niemals über Matching Points kennengelernt hätte: „Uns hätte Parship gleich aussortiert. Wir teilen quasi nichts miteinander und das schon seit über 20 Jahren."

Ob es schwerer ist, mit über 50 einen Partner zu finden? Ganz sicher. Da weckt das Internet Hoffnungen, die es nicht erfüllt: dass es eigentlich total einfach wäre und es quasi unbegrenzte Vorräte an tollen Männern gäbe. Obwohl wir ja eigentlich längst wissen sollten, dass das nicht stimmen kann. Also denken wir im Umkehrschluss, es muss an uns liegen.

Dann hat es auch damit zu tun, dass ausgerechnet die Liebe so ein verdammt großes Geschäft geworden ist und wir uns nicht mal mehr zutrauen, selbst den richtigen Mann zu finden, da so viele Profis es offenbar sehr viel besser wissen, wer das sein und wie das gelingen soll. Vielleicht sollten wir uns mehr zutrauen? Einfach mehr Freestyle-Flirten? Mehr Geduld haben? Gut, das ist nicht gerade eine meiner herausragenden Eigenschaften. Aber ehrlich: Bis ich den ersten „Richtigen" gefunden hatte, hat es ja schließlich auch eine Weile (und ein paar sehr aufregende „Falsche") gedauert. Ich bin jedenfalls sehr zuversichtlich, dass er schon kommen wird – der eine, den man lieben kann. Weil er ein großes Herz hat, weil es ihm egal ist, wie viel ich verdiene und ob es mehr ist, als er nach Hause bringt, weil er klug ist und souverän genug, nicht dauernd mit Frauen kämpfen zu müssen, weil er über 1,70 Meter groß ist und Geschmack hat und vor allem: weil er sich niemals „Kamelle aus Mettmann" nennen würde.

Das Sex-Comeback

Irgendwann ist es wahrscheinlich wirklich mal soweit. Oder sagen wir so: Es lässt sich nicht vermeiden. Denn die Aussicht, es mit jemandem zu tun, mit dem man erst ungefähr fünf Mal Essen beziehungsweise im Kino war (also praktisch mit einem völlig Fremden), sorgt für ein Lampenfieber, das so groß ist, dass es eigentlich eine eigene Vorwahl verdient hätte. Kein Wunder.

Die besten Lockerungsübungen vor der Sex-Premiere, bitte!

Danach fragte ich Sandra Maravolo, Sextoy-Expertin und Geschäftsführerin von InsideHer, dem größten Frauenerotikladen in Hessen.

Sandra Maravolo: Immer gut ist Masturbation. Leider ist es oft so, dass Frauen, die keinen Sex mit einem Partner haben, sich auch nicht selbst befriedigen. So als wären sie Frauen ohne Unterleib. Das hören wir immer wieder von unseren Kundinnen. Wenn sie dann einen neuen Partner kennenlernen, hat sich die Vagina durch das lange Nicht-Benutzen verengt, Penetration ist schmerzhaft, Schmerz macht wiederum Angst und dadurch vergeht schließlich die Lust.
Deshalb empfehle ich kleine Vibratoren, die schmal sind und so das Einführen erleichtern. Klitorale Vibration lockert zudem und bereitet den Körper auf Penetration vor und erleichtert dadurch das Eindringen. Und: Keine Angst vor dem Sextoy-Einkauf. Das sind längst Lifestyleprodukte und es gibt schöne Läden, in denen Frauen sich diskret und in angenehmer Atmosphäre beraten lassen können.
Mein Tipp: Unbedingt ausreichend wasserbasiertes Gleitgel verwenden, ob allein oder zu zweit. Nach den Wechseljahren nimmt oft die Produktion körpereigener Gleitflüssigkeit ab und dadurch kann Sex auch unangenehm werden. Sehr zu empfehlen ist auch das Verwenden von Sextoys in der Badewanne, da das warme Wasser entspannend und beruhigend wirkt.

Schließlich war man bislang in einer langen Beziehung mit einer vertrauten Person quasi synchron älter geworden. Lebte und liebte friedlich weit jenseits des aktuellen Singletrends. Wie in einer Zeitkapsel. Jetzt soll man einem neuen Mann den nicht mehr ganz neuen Körper präsentieren und fühlt sich, als würde man – erotisch betrachtet – quasi noch Schulterpolster tragen. All das wirft eine Menge Fragen auf: Was hat sich in der Zwischenzeit getan? Ist der Sex von damals heute noch aktuell? Gibt es ein komplett neues Anspruchsprofil? Wie bereitet man sich vor? Bereitet man sich überhaupt vor? Muss man sich nur mal ordentlich locker machen? Kann man Sex verlernen oder ist er wie das Fahrradfahren oder das Lidstrichziehen auch irgendwo im prozessualen Gedächtnis abgelegt und man kann ihn jederzeit wieder hervorholen?
Ich treffe mich mit Single-Freundinnen, um das Thema mal durchzusprechen. „Genau das sollte man beim Thema Sex auch machen. Einfach drüber reden!“, beginnt Lisa das Gespräch. Über alles reden? Reden mag nützlich sein, aber möchte man vor dem ersten Sex mit einem neuen Mann alles bereden? Das klingt in der Theorie irre vernünftig, in der Praxis hat man aber doch Hemmungen. So wie Silvia, 48: „Ich sage doch nicht, kaum dass wir im Bett liegen: ‚Also untenrum bin ich leider in letzter Zeit trockener als die meisten Wüsten. Und pass bloß auf, ich habe da hinten eine fiese Hämorrhoide.‘ Mal ehrlich, peinlicher geht's ja wohl kaum. Eigentlich bin ich eine offene Person, aber was das angeht ... Ich bin ja nicht beim Therapeuten, sondern ich will einfach nur Sex!“
Aber was ist „einfach nur Sex“ in Zeiten von „Shades of Grey“ und „Feuchtgebiete“? Offenbar anders. Maria, 53, seit vier Jahren geschieden, ist erstaunt: „Der letzte Typ hat zielstrebig meinen Po anvisiert. Als ich kurz gesagt habe: ‚Da nicht!‘, war er baff. Er meinte, das gehöre heutzutage einfach dazu. Ich solle

mich mal locker machen! Vor allem Hintenherum. Will ich aber nicht! Jedenfalls nicht in dieser Hinsicht. Mein Schließmuskel soll in Ruhe gelassen werden! Es gibt ja kein Menschenrecht auf Analsex!" Nein – noch immer entscheidet jede selbst, was sie mag. Obwohl mittlerweile der Eindruck entstehen kann, Analsex wäre ein „Must" und gehöre inzwischen zum guten Ton.

Im Internet findet man in Frauenforen eine Menge Beiträge dazu. Immer mehr Frauen, die „Nein danke" sagen, berichten dort darüber, wie ihnen vorgeworfen wird, sie seien prüde, verklemmt und von vorgestern. „Probier es halt mal, alle, die es probiert haben, finden es toll!" ist ein Argument, mit dem diese Frauen häufig unter Druck gesetzt werden. Die Vergleiche hören nicht mal im Bett auf. „Alle machen es, außer dir!" Klar, dass sich manche Frauen da rückständig fühlen. Aber Sex unterliegt keiner bestimmten Choreographie und vor allem ist Sex keine Dienstleistung – es sei denn, man arbeitet in diesem Bereich. Ja, man darf Wünsche äußern, aber man darf eben auch sagen „Nein, das will ich nicht!".

Im Brigitte-Forum zum Thema „Muss eine moderne Frau anal können?" schreiben erstaunlicherweise auch sehr viele Männer. Einer davon hat den Nicknamen „Playman" und äußert sich so: „Zuerst in spaßiger Form: Analverkehr ist die Rache des Mannes für den Feminismus! Auch wenn es spaßig klingt, da steckt viel Wahres drin. Aber die meisten Frauen, die sich anal penetrieren lassen, kapieren das nicht. Und das ist auch gut so. Und jetzt in ernsterer Form: Auf die Frage, ob eine moderne und aufgeschlossene Frau anal können muss, sage ich ganz eindeutig Ja! Warum? Weil auch der Sex sich weiterentwickelt. Vor sechzig Jahren war es modern, sich im Dunkeln unter der Decke zu lieben. Und heute ist es modern, eben nicht nur Blümchensex zu haben. Und anal ist ein guter Weg, den Blümchensex hinter sich zu lassen. Vielleicht klinge ich für manche Damen kalt und gefühllos. Aber das bin ich nicht. Vorhin schrieb hier jemand ‚Das Leben ist kein Ponyhof'. Und das ist das Bett auch nicht. Heutzutage ist es wichtig, beim Sex maximale Befriedigung zu erfahren. Und wenn immer mehr Männer diese maximale Befriedigung nur bekommen, indem sie eine Frau anal penetrieren, dann sollte eine aufgeschlossene Frau dem nicht ablehnend gegenüberstehen."

Das Bett ist kein Ponyhof? Doch, Herr Playman, genau das ist das Bett. Hier, wenigstens hier, darf man selbst wählen, was man mag und will. Ich halte die Thematik für ein sehr gutes Beispiel. Dafür, wie Frauen sich verunsichern lassen und Männer – manche – gerade im Bett wieder auftrumpfen wollen. Anders formuliert: Ausgerechnet beim Sex wollen sich offenbar nicht wenige schadlos dafür halten, dass sie die Hosen auch außerhalb des Bettes nicht mehr anhaben. Playman schreibt: „Wenn eine Frau das nicht will, dann will sie nicht. Aber sie sollte sich dann auch nicht beschweren, wenn ihr Partner eine andere Frau sucht, die ihm dieses Vergnügen bietet." Ehrlich gesagt, wenn ein Mann nur deshalb bei mir bleibt, weil ich ein größeres Sexdienstleistungsportfolio habe als andere, dann kann er mich mal – oder eben nicht mehr.

Rita, 56, findet, dass sich insgesamt wenig verändert hat: „Es gibt immer noch gute und schlechte Liebhaber. Egoistische und solche, denen es eben auch Spaß macht, anderen Spaß zu bereiten. Und wenn einer nur an sich denkt, kann man ihm zwar noch eine zweite Chance geben. Aber mehr auch nicht."

Lotte widerspricht energisch: „Es hat sich schon was verändert. Das Dominanzgehabe hat zugenommen. Vielleicht als Resultat der Pornoguckerei. Ich habe oft das Gefühl, manche Männer arbeiten einfach einen Leistungskatalog ab und fragen nicht mal mehr sich selbst, ob ihnen das überhaupt gefällt!"

In „Silvi", einem wunderbar anrührenden Film von Nico Sommer, erlebt eine Endvierzigerin das gesammelte Elend der Sex-Wiedereinsteigerin und womit man offenbar rechnen muss: Verheiratete Männer, die nur eine schnelle Nummer mit einer dankbaren Frau wollen. Männer, die erotisches Neuland entdecken möchten und dabei vor allem ein hemmungsloses Ego offenbaren. Als wir schwer beeindruckt aus dem Kino kommen, hat Ingrid, nach 25 Ehejahren neu auf dem Singlemarkt, schon gar keine Lust mehr: „Das ist ja grauenvoll! Was mach ich denn, wenn ich da einen mit zu mir genommen habe, der plötzlich mit Tiger-Tanga die Handschellen präsentiert? Oder der mich herumdirigiert, als wäre ich ein kleines – sehr gelenkiges – Zirkusäffchen? Ist vielleicht das Exotischste, was man heute haben kann, Retro-Sex?"

Sagen wir mal so: Eines hat sich nicht geändert – dass es nämlich enorm uncool ist, etwas mitzumachen, weil andere behaupten, das müsse so sein. Sich etwas „gefallen" zu lassen, es „auszuhalten" oder einfach nur zu „ertragen", bloß, weil da so ein Kerl behauptet, alle anderen fänden es toll. Oder: „Wenn du das nicht für mich tust, gehe ich halt zur Nächsten." Es ist entsetzlich unsouverän, gerade bei so etwas Privatem wie Sex nach dem Mainstream zu schielen. Wir sollten keine Angst haben, als erotisch unterbelichtet zu gelten, mit beiden Beinen und möglicherweise sogar nackt im Fettnäpfchen zu landen. Es wird nämlich so laufen: Auch der andere ist mindestens so aufgeregt wie wir. Und er trägt eigentlich ein viel höheres Risiko – dass sich nämlich sichtlich nichts tut. Sie werden sich beide über Ihr Sex-Lampenfieber göttlich amüsieren. Es wird vermutlich nicht der beste Sex aller Zeiten werden, aber beide werden eine vielversprechende Performance abliefern. Man wird natürlich nicht an Cellulitedellen oder Hüftringe denken, aber auch keinesfalls darauf bestehen, dass das Flutlicht im Schlafzimmer angeschaltet wird. Ansonsten gilt eigentlich für jede Sex-Premiere, was Frank Sinatra einmal sang: „Love is lovelier the second time around". Falls das Ganze nicht ohnehin als One-Night-Stand angedacht ist. Das Schöne als Neu-Single ist doch: dass wir eine Menge Möglichkeiten haben, uns auch im Bett wieder zu amüsieren. Und dass wir alt genug sind, zu sagen, was uns gefällt und was nicht. Sollte Karl das nicht kapieren, wären da ja immer noch Martin, Helmut oder Matthias. Oder Lelo („feinabgestimmtes und körperorientiertes Design verspricht eine maximale Intensität bei minimalem Aufwand" – und das für nur 130 Euro). Der kann immer und Diskussionen gibt es mit ihm auch keine.

Was wünschen sich Männer wirklich im Bett?

... fragte ich Marlene, 52, die als Prostituierte in einer Wohnung in Offenbach arbeitet.

Marlene: Eigentlich wollen Männer Frauen, die entspannt sind. Ich erlebe hier oft Kunden, deren Frauen daheim so mit sich und ihrer Figur beschäftigt sind, dass sie nicht mehr locker sein können. Männer vermissen das.

Frauen stellen sich ja immer vor, dass die Prostituierte beim Sex mordstolle Dinge draufhat und Männer schon wegen des besseren Service angelockt werden.

Marlene: Es ist schon so, dass Französisch besonders oft nachgefragt wird. Offenbar sind die meisten Frauen nicht mehr bereit dazu. Deshalb ist das hier so heiß begehrt.

Bei Frauen sitzen die erogenen Zonen ja nicht am Gaumen ...

Marlene: Das spricht ja nicht grundsätzlich dagegen, es einfach mal zu tun. Vorausgesetzt, der Mann revanchiert sich. Aber auch was das anbelangt, sind viele Frauen wohl ziemlich zugeknöpft, was ich so höre.

Und wie ist es mit anal? Das ist ja offenbar das neue Must-have (dank Charlotte Roche).

Marlene: Ja, das wollen eigentlich alle. Das ist beinahe schon Pflichtprogramm. Ich weiß gar nicht, ob das wirklich allen so gut gefällt. Aber offenbar glauben sie, sie müssten das mal gemacht haben. Ich kann sagen: Ich verstehe total, wenn sich die Frauen daheim dem verweigern. Meine Botschaft an sie: Es bringt einem gar nichts.

10

Kinder –

Die lieben kleinen Großen

Wenn wir älter werden, werden auch unsere Kinder älter. Das ist gut ... und schlecht. Oft genug gilt der alte Spruch: Kleine Kinder, kleine Sorgen – große Kinder, große Sorgen. Jahrelang wünscht man sich nichts sehnlicher, als dass sie nachts endlich durchschlafen und nicht mehr in die Hose machen. Heute wäre Windelnwechseln eine herrliche Lappalie. Geradezu lächerlich einfach und problemlos. Stattdessen holt man vollgekotzte, zugedröhnte 17-Jährige vor mehr oder weniger dubiosen Clubs ab, muss sich aber trotzdem noch anhören, dass man die peinlichste Mutter weltweit ist und dass Schule einfach nur doof ist. Sie geben ständig Widerworte, wissen alles besser, nichts schmeckt ihnen und nichts kann man ihnen recht machen. Die Pubertät ist eine große Herausforderung. Anscheinend für beide Seiten. Vor allem wenn Hormone auf Hormone treffen, die Pubertät gegen die Wechseljahre antritt.
Kurz sehnt man den Moment herbei, an dem die Kinder endlich flügge werden und das gemeinsame Heim verlassen. In sehr schlimmen Momenten denkt man auch an eine Freigabe zur Adoption. Vieles spricht bei Jugendlichen definitiv auch für Käfighaltung! Futter reinwerfen, ansonsten nur von außen kärchern. Fertig! Ist aber leider illegal.

Meine Kinder finden mich peinlich.

Ständig ermahnen sie mich, nicht so laut zu sprechen, mich dezenter zu kleiden und mich generell altersadäquat zu verhalten. Das Liebste wäre ihnen, ich würde stumm in der Wohnung sitzen. Das kränkt mich total und ich fühle mich ungerecht behandelt. Bin ich zu empfindlich?

Elisabeth, 50, aus Hamburg

Dr. Herbst: Ja, weil Sie das typisch pubertäre Genöle viel zu ernst nehmen. Die kleinen Nörgler sind Ihre Kinder und nicht Ihr Vorgesetzter oder eine gute Freundin. Das heißt, sie haben Ihnen rein gar nichts vorzuschreiben. Die Erziehungsberechtigte sind Sie.
Erinnern Sie Ihre Kinder an all die Peinlichkeiten, die ihnen bisher passiert sind, und seien Sie bloß nicht gekränkt. Jeder Teenager findet seine Eltern peinlich. Das gehört zur Standardausstattung und hat mit Ihnen persönlich wirklich überhaupt nichts zu tun. Reicht das nicht, dann drohen Sie ruhig: „Noch einmal und ich zeige dir, was wirklich peinlich ist. Wenn du das nächste Mal Besuch hast, werde ich in Unterwäsche vor der Glotze sitzen und deinen Freunden erzählen, dass ich mich bei ‚Frauentausch' angemeldet habe."

Erstaunlicherweise ist all das schnell vergessen und vorbei, wenn sie tatsächlich ausziehen. Da ist bei vielen Frauen das Gejammer groß. Empty-Nest-Syndrom nennt sich das Phänomen. Manche Frauen treibt es sogar in die Depression. „Ich kam mir vor wie amputiert!“, lamentiert Lena. „Ich habe Jennifer so sehr vermisst. Selbst die Dreckwäsche in der Waschküche und sonstwo, die Haare in der Dusche und die leeren Joghurtbecher überall“, leidet Johanna. „Immer wenn ich das leere Zimmer sehe, steigen mir die Tränen in den Augen! Selbst ihr Türeknallen wünsche ich mir zurück“, klagt Roswitha.
Kinder: Sie gehen uns manchmal unsäglich auf die Nerven, aber die Liebe ist nichtsdestotrotz gigantisch. Man will sie manchmal tatsächlich los sein und gleichzeitig doch niemals wirklich loslassen.
Das Empty-Nest-Syndrom schlägt bei vielen zu. Aber bei Frauen, die keinem Beruf nachgehen, noch heftiger. Das sagen Studien. Die Kinder waren über Jahre ein großer Bestandteil des „Jobs“ und der ist auf einmal, von einem Tag auf den anderen, weg. Da sitzt man nun in seinem Reihenmittelhaus und übrig ist nur der Ehemann (wenn überhaupt). Sobald die Kinder ausziehen und das Nest verlassen, geht man zurück auf Los. Es ist wie bei einem langfristigen Projekt, einer Diplomarbeit zum Beispiel. Irgendwann ist sie fertig und dann taucht die große Frage auf: „Was nun?“ Ja, man hat das Recht, traurig zu sein. Ein Lebensabschnitt ist zu Ende. Es ist ein Abschied.
Aber so ist der Lauf der Natur. Der Auszug ist normal und kein Drama. Kinder werden groß, Kinder verlassen das Heim. Manchmal reicht es, den Blickwinkel ein wenig zu verändern, um die Sache ganz neu zu sehen. Wenn Kinder ausziehen, hält die Freiheit Einzug! Hurra! Sie sind weg! Endlich keine Berge an Lebensmitteln mehr kaufen, in der Waschküche herrscht Leere und man kann jederzeit nackt durchs Haus tanzen. Nie-

mand „leiht“ sich ungefragt Schminke, Schuhe, Taschen oder Klamotten. Keine leidigen Diskussionen ums Aufräumen, ins Bett gehen, Hausaufgaben machen und Umgangsformen. Wenn man nach Hause kommt, sieht die Wohnung genauso aus, wie man sie verlassen hat.
„Aber die Geräusche fehlen mir so!“, jammert Elke. Machen Sie doch selbst Geräusche. Hören Sie in Ihren vier Wänden endlich mal Musik, die Ihnen gefällt. Essen Sie zu Mittag, wann immer Sie wollen, oder essen Sie einfach gar nicht zu Mittag. Niemand wird sich beschweren. Die Zeit der ständigen Dienstleistungen fürs Kind sind vorbei. Sie haben Ihre Schuldigkeit getan. Die Glucke hat nun endlich ausgegluckt. „Aber ich war gern Glucke“, denken Sie jetzt. „Es war schön, mich um jemanden zu kümmern.“ Dann kümmern Sie sich doch mal mit derselben Inbrunst um sich selbst. „Ich mag das Gefühl, gebraucht zu werden!“ Verdammt noch mal, dann suchen Sie sich eine Aufgabe! Es gibt auf der Welt weiß Gott genug Bedürftige. Gebraucht zu werden, ist mit Sicherheit schmeichelhaft, hat aber jede Menge Arbeit im Anhang. War nicht eins Ihrer Erziehungsziele die Selbstständigkeit Ihrer Kinder? Jetzt sind sie auf dem Weg dorthin und das ist richtig so. Ziel erreicht! Oder wollen Sie, dass Ihr Sohn in 25 Jahren, als Mittvierziger, noch bei Ihnen am Esstisch sitzt, Sie seine Unterhosen waschen und er irgendwann bei „Schwiegertochter gesucht“ auf RTL mitmacht?
Inzwischen bieten Volkshochschulen Kurse zur Verarbeitung des Empty-Nest-Syndroms an. Geht’s noch? Schaffen wir das nicht auch anders? Warum nicht in der Zeit in eine schicke Bar fahren und einen netten Cocktail mit buntem Schirmchen trinken? Oder das Zimmer des Nestflüchtlings für sich selbst nutzen? Ein Sport-, Näh- oder Rumliegezimmer gestalten? Raum zurückerobern? Wichtig: Ihre Kinder sind nicht dafür da, damit Sie eine Beschäftigung haben. Ihre Kinder brauchen Un-

terstützung bei der Nestflucht, keine heulende Mami, die sich verzweifelt an das Bein ihres ausziehenden Sprösslings klammert. Was ist das auch für eine Botschaft an die Kinder?! „Mutti ist ganz allein, wenn du gehst!" Was man loslässt, kommt wieder. Freiwillig. Und, mal ehrlich: Es ist niemand gestorben. Ihr Kind ist einfach ausgezogen. So wie Sie einst bei Ihren Eltern ausgezogen sind.

Mutti forever

Nach dem Auszug wird auch in der Beziehung vieles anders. Kinder sind ein Puffer. Eine Gemeinsamkeit. Man schaut jetzt nicht mehr ständig auf die Kinder, sondern auch mal wieder auf sein Gegenüber. Das kann spannend und aufregend oder auch nur sehr ernüchternd sein. Der Blickwinkel ändert sich, ein gemeinsames Thema, auch zum Lamentieren, ist weg. Kann die Partnerschaft bestehen, wenn die Kinder aus dem Haus sind? Das kann eine Chance sein. Sich wieder auf das zu besinnen, was man einmal war: ein verliebtes Paar. Statistisch werden die meisten Ehen geschieden, wenn die Kinder kommen und wenn die Kinder gehen. Auf der anderen Seite beteuern sehr viele Paare, dass sie nach dem Auszug die schönste Zeit ihres Lebens hatten. Alles ist demnach möglich. Zu merken, dass da nichts mehr ist, ebenso wie das Aufkeimen einer neuen alten Leidenschaft.

Aber auch wenn die Kinder tatsächlich irgendwann aus dem Haus sind, können es manche Frauen einfach nicht lassen. Sie richten die erste Wohnung ein, stehen bei Ikea in der Schlange, putzen mal gründlich durch und wenn die kleine Prinzessin am Wochenende heimkommt, macht Mutti natürlich die Wäsche. Sie weiß ja, dass ihr Augenstern sonst niemals bügeln würde, und ihr macht es wirklich nichts aus. Dann bekommt

das „Kind“ noch ein riesiges Care-Paket gepackt, damit es auch gesund und ausreichend isst, und man verspricht, bis zur nächsten Woche die Seminararbeit durchgesehen zu haben. Natürlich besucht Mutti die Elternsprechtage an der Uni, besichtigt das Studentenwohnheim und organisiert den TÜV des Autos. Sie kennt sich mit Behördenkram eben besser aus. Dazu kommt der monatliche Scheck, und wenn die süße Kleine anruft, egal wann und zu welcher Zeit, lässt Mutti alles stehen und liegen, um für ihr Kind etwas zu erledigen. Gerade so, als wäre die 23-Jährige noch im Kindergarten und allein absolut lebensunfähig. Längst Studierende rufen ebenso wie Azubis auch im dritten Lehrjahr noch nach 23 Uhr an, um zu fragen, wo ihr grauer Pulli ist. Sie klagen über diese komischen Bauchschmerzen und verlangen nach Hühnersuppe – und das alles soll bitte „zeitnah“ erledigt werden. Gute Mütter sind rum um die Uhr im Stand-by-Modus. Kinder wissen eben, wie sie uns kriegen und auch bei der Stange halten. Opferbereitschaft wird allerdings sehr schnell ausgenutzt.
So bleiben die lieben Kleinen auch immer schön die lieben Kleinen. Umgekehrt erwarten wir auch Dinge, die wir selbst nicht getan haben: Wir wollen angerufen und informiert werden. Möglichst täglich. Wir fühlen uns vernachlässigt und nicht wertgeschätzt, wenn unser Liebling sich mal eine Woche lang nicht rührt. Dabei sollten wir uns mal an früher erinnern: Sechs Wochen Trip mit Interrail quer durch Europa und das einzige Lebenszeichen von uns war eine Postkarte. Hat das unsere Eltern aufgeregt? Und wenn? Hat uns das interessiert? Wie sehr nervt es uns heute noch, wenn Mutti vorwurfsvoll ins Telefon jammert: „Du könntest dich ruhig öfter melden.“! Oder: „Dass du endlich anrufst!“ War es nicht toll, die eigene Freiheit auszutesten, die Eltern mal links liegen zu lassen und hat man sie nicht trotzdem geliebt? Zum Glück gab es damals keine Han-

dys, kein Facebook und kein WhatsApp. Niemand konnte rund um die Uhr verfolgen, was wir so treiben, und das war ein gutes Gefühl. Mittlerweile nennen viele Kinder ihre Eltern „Facebookstalker" und haben das Gefühl, ihre Mutter arbeite im Auftrag der NSA. Wir mussten den Auszug und das, was folgte, mit wesentlich weniger Support durchstehen. Unsere Eltern sind gar nicht auf die Idee gekommen, unsere neue Wohnung mal durchzuputzen oder uns bei der Uni-Immatrikulation zu begleiten. „Du willst ausziehen und erwachsen sein, dann mach!", haben sie entspannt gesagt und uns machen lassen. Das war nicht immer einfach, aber nur so lernt man, erwachsen und selbstständig zu werden.

„Aber wir sind doch ganz anders als unsere Eltern damals waren!", beteuert Silke. „Wir haben mehr Verständnis, sind eher Freunde als Eltern!" Das mag sein, aber genau da könnten wir von unseren eigenen Eltern lernen. Ein wenig mehr Gelassenheit und weniger Anspruchsdenken. Man muss auch mal scheitern dürfen. Man sollte lernen, Dinge allein zu erledigen. Man muss seinen Kindern was zutrauen und nicht dauernd die Kontrolle haben. Sollten Sie tatsächlich finden, Sie seien die beste Freundin Ihrer Tochter, dann wird es Zeit, dass Sie sich eine richtige beste Freundin suchen. Ihre Tochter ist Ihr Kind! Sie sind die Mutter und nicht die beste Freundin. Wir müssen lernen, unseren Kindern das Erwachsenwerden auch zu gönnen, mit allen Facetten, die dazugehören. Sie haben ihre eigene Welt. Das Hotel Mama sollte deshalb nicht immerzu geöffnet sein und muss keinen Fünf-Sterne-Service bieten. Auch wenn Sie glauben, ja sogar fest davon überzeugt sind, dass Ihre Kinder es allein keinesfalls schaffen werden – irgendwann müssen sie es ja doch. Und manchmal braucht es einen sanften Schubs in die Eigenverantwortung. Einen, der sagt: „Ich zahle auch noch die zweite Ausbildung, aber dann ist Schluss." Oder: „Ich habe genug eigene Schmutzwäsche zu waschen." Erstaunlicherweise steigt man dadurch häufig im Ansehen der Gegenseite. Ein Nein kann viel bringen. Und ohne Respekt von beiden Seiten ist eben auch Liebe nicht möglich.

Was soll ansonsten auch aus all diesen komplett verpimperten, verwöhnten Wesen werden? Was züchten wir uns da selbst heran? Wie sollen Kinder ihre Frustrationstoleranz schulen? Wie jemals ohne Mutti durchs Leben kommen? Werden wir in 30 Jahren einen Kanzler haben, der vor der nächsten Auslandsreise Mutti anruft und jammert, dass er eine Erkältung hat und nicht weiß, wo sein Ticket ist, der immer noch seinen grauen Pulli sucht und keinen Bock auf den komischen Italiener hat, zu dem er auf Staatsbesuch unterwegs ist? Ist das erwachsen?!

Man muss den Umgang mit anderen Menschen, auch mit schwierigen Chefs, Lehrern, Professoren und Kollegen lernen. Im Leben kann man sich nicht jedes Gegenüber aussuchen. Das kann schmerzhaft und schwierig sein. Trotzdem: Irgendwann muss das betreute Wohnen beendet werden. Klar darf man heimkommen, aber wenn man Wäsche mitbringt, wäscht man sie selbst. Auch wenn Sie es schneller erledigen können. Auch wenn Ihr Sohn sich dämlich anstellt. Ein Junge, der seinen Computer programmieren kann, wird auch irgendwann eine Waschmaschine bedienen können. Man darf sich ruhig satt essen, aber nicht die mütterliche Tiefkühltruhe plündern. Alles im Leben hat nun mal Konsequenzen. Wer abends bis in die Puppen ausgeht und sich in dieser Hinsicht elterliche Einmischung verbietet, ist durchaus auch in der Lage, oder sollte es jedenfalls sein, mal sein Bett frisch zu beziehen. Da mischen wir uns dann auch nicht mehr ein!

Viele Frauen pflegen das verlassene Kinderzimmer wie einen Schrein. Selbst über 30-Jährige haben häufig noch ein Zimmer in der elterlichen Wohnung und sollte Mutti sich tatsächlich erdreisten, das Zimmer zum Gästezimmer umzufunktionieren, ist das Geschrei bei den „Kindern" oft riesengroß. Der Nachwuchs ist stinkbeleidigt. „Du hast mich nicht lieb!", lautet die schlichte Schlussfolgerung. Ignorieren Sie es. Es sei denn, Ihr Sohn oder Ihre Tochter richtet Ihnen im Gegenzug in den eigenen vier Wänden ein schönes Mami-Zimmer ein. Ansonsten ist es Ihre Wohnung und Sie können damit tun und lassen, was Sie wollen. Seien Sie einfach mal egoistischer!

Bitte beherzigen!

- Nicht klammern, dann kommen sie von selbst immer wieder.
- Sie sind die Mutter, nicht die Dienerin!
- Ihre Tochter ist eine Prinzessin? Und wenn schon – Sie sind die Königin!

Undank ist der Mütter Lohn

Ein anderes Phänomen sind die Kinder, die überhaupt nicht ausziehen wollen. Die es sich im heimischen Nest richtig schön gemütlich gemacht haben und nicht den Eindruck erwecken, als wollten sie das in absehbarer Zeit ändern. Warum gehen und ein All-inclusive-Hotel freiwillig verlassen, vor allem wenn es finanziell sowieso eng ist?! Da ist der Ausbildungsplatz in der Nähe, der schwierige Wohnungsmarkt und dazu kommt der herrliche heimische Service. Eine unschlagbare Kombination, auf die zu verzichten pure Dummheit wäre.

„Wieso sollte ich ausziehen?", fragt Leon, der Sohn einer Freundin. „Hier habe ich alles zum Nulltarif und kann trotzdem tun und lassen, was ich will! Und meine Eltern sind total glücklich und dankbar, dass ich noch bei ihnen lebe." Natürlich hat es Leon daheim sehr bequem und solange dieser Full-Service geboten ist, hat Leon wenig Beweggründe auszuziehen. Warum sollte er in ein kleines Zimmer in einer WG an der Hauptverkehrsstraße ziehen, wenn hier doch das gesamte Souterrain für ihn ausgebaut wurde und er abends schön mit Papas Benz losziehen darf? Warum vom knappen Lehrgeld für etwas bezahlen, was man umsonst haben kann? Warum selbst einkaufen, die Wäsche machen und warme Mahlzeiten kochen? Wo Mutti doch so dankbar für seine Anwesenheit ist. Sie braucht ihn halt. Das führt leider dazu, dass er sie oft wie ungeliebtes, aber notwendiges Personal behandelt. Das Kümmern erhöht nicht etwa seinen Respekt, ganz im Gegenteil. Sie darf seine dreckigen Socken waschen, aber fragt sie ihn umgekehrt einmal nach Hilfe bei einem Computerproblem, behandelt er sie wie eine begriffsstutzige alte Frau.

Überhaupt nehmen sich viele Kinder heute ganz schön was raus. Früher haben Eltern gesagt: „Wie läufst du denn rum!" Heutzutage übernehmen Kinder diesen Part und nölen an ihren Eltern rum. Je älter sie werden, umso mehr muss man sich anhören: „Was hast du denn an?! Sei nicht so peinlich. Rede nicht so laut. Misch dich nicht ein. Das ist nicht altersgemäß. Sei halt mal geduldiger ..." Kinder werden immer übergriffiger, vor allem, weil wir es zulassen. Ab und an muss man in häus-

lichem Terrain daran erinnern, wer hier eigentlich der Erziehungsberechtigte ist und wer nicht.
Kinder sind oft genug auch ein Leistungsnachweis. Frei nach der Devise: Zeige mir deine Kinder und ich beurteile, wie gut du deinen Job als Mutter gemacht hast. Man denkt, wenn man die Sandkastenphase durchlebt hat, endet dieses ewige unselige Vergleichen, aber der Wettbewerb um die großartigsten Kinder hört niemals auf. War es eben noch „Wer braucht keine Windel mehr? Wer schläft schon durch? Wer kann schon Mama sagen?“, sind es nun in direkter Fortsetzung des Sandkastengesprächs der beste Schulabschluss, der Numerus clausus, der intelligenteste Freund oder die meisten Auslandsaufenthalte. Die Liste ließe sich beliebig fortsetzen. Alles, was nur entfernt nach Erfolg riecht, wird eiligst kommuniziert. Mütter sind eine extrem konkurrente Spezies. Das Motto heißt: Der Erfolg meines Kindes ist mein Erfolg. Nur so ist es zu erklären, dass erwachsene Frauen mit bestem Schulabschluss ernsthaft sagen: „Morgen schreiben wir Mathe. Übermorgen halten wir das Referat. Wir müssen unbedingt noch Vokabeln lernen!“
Hat man nicht die schlausten und tollsten Kinder, die dazu noch irre gut aussehen, dann müssen sie wenigstens eine wahre Herausforderung sein. Mittelmaß und Durchschnitt zählen nicht. Hochbegabung oder ADS, entweder oder. Ist das eigene Kind nicht wirklich etwas Besonderes oder stellt es etwas an, sind die Mütter schuld. Sie haben sich zu viel oder zu wenig engagiert. Selbst der 60-Jährige, der einen Linienbus entführt, kann noch auf die schwierige Kindheit, auf eine Mutter, die sich zu wenig, oder eine, die sich zu viel gekümmert hat, verweisen. Irgendwas ist eben immer! Wir tun, was wir können, und trotzdem ist es nie ganz richtig. Wie herrlich wären wenigstens ein paar Danksagungen, aber darauf können die meisten von uns lange warten. Sehr lange.

Zu gut, um wahr zu sein

Karin, 48, ist eine wirklich engagierte Mutter. Sie arbeitet sich in Referatsthemen ein, besorgt Praktikumsplätze, betreut Hausaufgaben, fährt zum Hockey und zum Basketball und holt ihre Kinder von allen Events um jede Uhrzeit ab. Sie kocht für ihre Große vegan und kennt sich mit dem Lehrplan und dem Lehrerkollegium der örtlichen Schulen besser aus als die meisten Pädagogen. Trotzdem sind Karins Kinder nicht unglaublich ergriffen ob all der Nettigkeit, sondern einfach nur ziemlich frech. „Ab und an mal ein klitzekleines ‚Danke' würde mir ja schon reichen!" So leidet Karin still vor sich hin. Auf den Gedanken, dass ein Zuviel an Dienstleistung auch ein Problem sein kann, kommt sie nicht. Wer täglich ein mehrgängiges Menü serviert, wird für eine Tiefkühlpizza nicht beklatscht. Umgekehrt aber kann das durchaus funktionieren. Elke ist die „Ich-verstehe-alles-und-mein-Kind-hat-immer-recht"-Mutti. Sie erzählt unglaublich gern Geschichten von ungerechten Lehrern, von Kindern, die immer missverstanden werden und nicht etwa aufmüpfig und nervig, sondern nur wahnsinnig kreativ und begabt sind. Elke versteht alles und kann alles perfekt entschuldigen. Elke ist Anwältin ihrer Kinder. Elke würde nie sagen: „Gott, geht der mir auf den Senkel! Was macht der für einen Scheiß!" Elke ist die Übermutti.

Mindestens ebenso nervig ist Anna-Lena, deren Kinder allesamt wahre Vorzeigekinder sind. Musikalisch, unglaublich gut in der Schule, eines sogar in der Begabtenförderung und dabei wohlerzogen und höflich. Es könnte einem egal sein, wenn Anna-Lena nicht jede Gelegenheit nutzen würde, uns anderen – mit den Durchschnittskindern – all das aufs Brot zu schmieren. Der tolle Auftritt von Lukas beim Pianowettbewerb, der Sieg von Julian bei „Jugend debattiert" und nicht zu

vergessen ihre bildschöne Charlotte, die nebenher modelt, gerade eine Klasse übersprungen hat und gleichzeitig in der Jugendauswahl der hessischen Basketballer spielt.
Geschichten über Kinder sind zumeist ermüdend, vor allem, wenn sie sich nicht um die eigenen drehen. Es ist unter Müttern ein bisschen wie unter Golfspielern. Auch Golfgeschichten sind normalerweise sehr langweilig, aber man hört zu und nickt und darf dafür im Umkehrschluss seine ebenso langweilige Geschichte über den Fast-Birdy am 4. Loch breittreten. Ja, auch ich erzähle Kindergeschichten. Ja, auch ich bin stolz auf meine Kinder. Sehr stolz sogar. Auch ich zeige manchmal ungefragt Fotos oder nötige anderen ein Gespräch zum Thema Kinder auf. Unsere Kinder sind aber, auch wenn sie sich oft so aufführen, nicht der Nabel der Welt. Wenn überhaupt, dann nur für uns. Und wir sind alle mehr als nur Mütter. Wir sind *auch* Mütter. Ich verspreche Ihnen: Es kommt der Tag, an dem Sie sich über den Besuch Ihrer Kinder freuen, aber genauso auch über die Abreise! Mein Motto für den Auszug meiner Kinder: Amüsiert euch, Kinder. Ich tue es auch!

11

Zu alt für den Scheiß

Manchmal schaue ich mich in meinem Fitness-Center um und sehe einige wirklich attraktive Männer um die 30. Dann muss ich mich daran erinnern: Die sind nicht mehr für mich. Weil sie 20 Jahre jünger sind. (Und auch ein bisschen, weil einer kürzlich gesagt hat: „Lass doch mal die älteren Herrschaften vorbei!“, als ich mit einer Freundin und ihrem Mann an ihm vorbei rausging. Ja, ich habe deswegen ein paar Tränen vergossen.)
Ich sehe meine Tochter und meinen Sohn, für die alles gerade anfängt, und wie unglaublich schön all diese Aufbrüche ins Ungewisse sind. Auch das: Nicht mehr für mich. Manchmal macht mich das wehmütig. Meistens aber denke ich: Hatte ich schon. War wunderbar. Und: Ich gönne es ihnen von Herzen. Ebenso den Hautwiderstand eines taufrischen Pfirsichs und die Chance, Medizin zu studieren (mein persönliches Lieblingsfach). Klar, es gibt einen Spielraum. Ich könnte die älteste Hirnchirurgin der Welt werden, jedenfalls wenn ich ein besseres Abitur gemacht hätte. Tatsächlich habe ich aber längst andere Prioritäten. Ich arbeite an meiner „Murtaugh-Liste“. Das ist die Liste der Dinge, für die man definitiv zu alt ist. Ihren Namen verdankt sie dem Polizisten Murtaugh aus der „Lethal-Weapon“-Reihe, der immerzu sagt „I am too old for that shit!“. Ich finde, das ist mal eine schöne Perspektive: anstatt nicht mehr jung genug für etwas zu sein, einfach auch mal zu alt sein zu dürfen. Ich persönlich bin definitiv zu alt für Techno, für Futons und fürs Zelten. Ich will nicht mehr bloß mit einem winzigen Rucksack verreisen und werde Unterkünfte, die man sich mit Kakerlaken teilt, keinesfalls mehr romantisch finden. Ganz egal, wie toll der Typ ist, der das behauptet (um in Wahrheit etwas Geld zu sparen). Und ganz sicher bin ich längst zu alt, um Männer nur dafür zu bestaunen, dass sie Männer sind. (Gut, damit hat man vielleicht nicht die besten Karten für eine neue Beziehung – aber die größten Chancen, sich nicht den Rest

seines Lebens tödlich zu langweilen.) Ich bin zu alt, um mein ganzes Selbstbewusstsein an ein paar Extrapfunde zu verlieren und mir 24 Stunden am Tag Gedanken darüber zu machen, warum eine Freundin gestern so unfreundlich zu mir war. Sie kann es mir ja sagen. Ich bin auch zu alt für Vorschriften bezüglich meiner Frisur, meiner Lebensweise, meines Outfits. Ob ich die Haare färbe, grau runterhängen lasse oder sie mir abrasiere – ehrlich, das ist wirklich meine Sache. Die oberste Instanz für ästhetische Fragen in meinem Leben bin endlich ich allein. Ich bin zu alt, um mich von meinen Kindern erziehen zu lassen. Ich bin außerdem definitiv zu alt, um mir erklären zu lassen, wie man sich in meinem Alter zu fühlen hat, und einem ganzen Sack von Falschmeldungen über Hormone und Wechseljahrbeschwerden aufzusitzen. Darunter auch das Gerücht, man würde unsichtbar, bloß weil man über 50 ist. Es liegt schließlich an uns selbst, wie sichtbar wir sind. Denn klar gucken Männer noch. Allerdings nicht alle. Stehen einer 20-Jährigen noch alle Altersgruppen vom 18-Jährigen bis zum Greis zur Verfügung, reduziert sich im Lauf der Jahre die potenzielle Zielgruppe auf dem ganz natürlichen Weg des Älterwerdens auf all jene Männer, die etwa gleich alt oder älter sind. Dass die sich oft nicht trauen, ihrer Begeisterung angemessen – etwa durch Pfiffe – Ausdruck zu verleihen, hat vielfältige Gründe. Die meisten dürften schlicht zu gut erzogen sein oder solcherlei „Anerkennungshonorare“ zu Recht als nicht mehr altersadäquat empfinden. Ein bisschen haben sie vermutlich auch Angst vor den Reaktionen einer erwachsenen und selbstbewussten Frau. Etwa davor, in aller Öffentlichkeit als „widerwärtiger Macho“ abgekanzelt zu werden. Es sei denn, die Signale sind so eindeutig, dass sogar ein Mann sie als „Schlüsselreiz“ und damit als Einladung identifizieren kann. Minirock, bauchfreies Top, hautenge Hosen, XXL-Dekolleté: Das funktioniert immer. Und wer sie mal wieder erleben will, die rosigen Zeiten eindeutig-zweideutiger Angebote, braucht bloß mal als Tatjana-Gsell-Double durch die Stadt zu gehen.

Keinesfalls zu alt bin ich für weitere erste Küsse, Sex-Lampenfieber und neue Projekte (wie dieses Buch zum Beispiel). Dafür, noch eine Sprache zu erlernen, die Krähe und den Kopfstand. Für Reisen wie für durchgefeierte Nächte. (Okay, eine im Monat, aber immerhin.) Für Konzerte in Clubs, in denen man Bier aus Flaschen trinkt und es nicht eine einzige Sitzgelegenheit gibt. Und ich bin glücklicherweise wieder alt genug für Role Models. Ja, die gibt es auch und gerade für Frauen in unserem Alter. Solche wie Angela Merkel oder auch Hillary Clinton, die mit Ende 60 vielleicht bald an der Spitze der USA steht (also ich würde sie wählen). Coole Socken wie Uschi Obermaier oder auch Ursula von der Leyen (ja, auch sie gehört unbedingt in diese Kategorie), Judi Dench, Susan Sarandon, Diane Keaton, Meryl Streep, Tilda Swinton, Ellen DeGeneres, Oprah Winfrey, Christine Lagarde oder Top-Managerinnen wie Safra A. Catz, 53 und eine der einflussreichsten Figuren der Technologiebranche weltweit, Sheryl Sandberg, die Nummer zwei im Facebook-Imperium, oder Gail Kelly, die seit 2008 die größte Bank Australiens leitet und regelmäßig auf einem der vorderen Plätze der „Forbes"-Liste der mächtigsten Frauen der Welt landet.

Ich würde sagen: Wir haben eigentlich ganz schön großes Glück, gerade jetzt älter zu werden und nicht vor 40 Jahren, als Tante Tilly und Klementine schon das Maximum an Identifikationsappeal jenseits der 40 darstellten. Und weil wir so viele sind. In den letzten Jahren sind die Babyboomer 50 geworden. Wir sind also alles andere als allein. Nicht mit Hitzewallungen und Haarausfall und nicht mit all den anderen Problemen, die jetzt anstehen. Das Einzige, was wir tun müssen: uns gegenseitig unterstützen, selbst wenn jede nun wirklich mehr als ausreichend eigene Probleme an den Hacken hat. Solidarisch sein. Ja, das ist ein ziemlich strapaziertes Wort, aber das ist Liebe auch – und würden wir deshalb darauf verzichten? Unser Leben ist gerade jetzt sehr anstrengend, manchmal frustrierend – da schleicht sich schon mal der egomane Einzelkämpfer-Gedanke ein. Dass man allein doch viel besser über die Runden kommt. Oder: Dass es der anderen sowieso viel zu gut geht. Sie zu hübsch ist, zu dünn, zu erfolgreich, zu wohlhabend und nun soll sie eben mal sehen, wie sie zurechtkommt. Häme, Neid, Eifersucht, Ignoranz, Verbitterung und andere Kleinlichkeiten sind die wahren apokalyptischen Reiter des Alters.

Überhaupt liegt es im Großen und Ganzen an uns, wie gut oder schlecht wir älter werden. Im Grunde entscheiden wir selbst, ob wir noch mit über 80 mehr als ausreichend Gelegenheiten entdecken können, uns wie eine 20-Jährige zu fühlen, der gerade Elyas M'Barek zugezwinkert hat.

Am besten, man hält sich an Voltaire: „Das Leben ist ein Schiffswrack, aber wir sollten nicht vergessen, in den Rettungsbooten zu singen." Wir können es ja nicht ändern, das Älterwerden und die Zumutungen, die damit – auch – einhergehen. Egal, wie sehr man sich pflegt, wie viel Sport man treibt, wie gesund man sich ernährt und wie konsequent man die Sonne meidet – man wird trotzdem alt, sieht auch so aus und stirbt in nicht mehr allzu ferner Zeit. Daran erinnert einen freundlicherweise der Blick in den Spiegel oder das schmerzende Knie, der Bandscheibenvorfall, die alten Eltern ebenso wie das Kind, das nun auch schon bald 30 wird. „Und mein Bankfilialleiter", ergänzt Felicitas, 52. „Bei meinem letzten Besuch wollte er mir Online-Banking mit Smartphone schmackhaft machen und hat dafür so große Schautafeln mit Fotos und extragroßer Schrift aus seinem Schreibtischschrank gezogen. Eigens für die begriffsstutzige Frau ab 50. Hätte nur noch gefehlt, dass er mich

anbrüllt, weil er denkt, dass man in meinem Alter nicht nur dumm, sondern auch taub sein muss." Die Software-Entwicklerin hat ihm dann erst mal einen Vortrag über die immensen Sicherheitsprobleme beim Online-Banking mit Smartphone gehalten. „Und dass ich – übrigens unter anderem auch um seinen Arbeitsplatz zu erhalten – immer noch konsequent an den Schalter gehe, um meine Bankgeschäfte zu erledigen."
Wir spüren, wohin die Reise geht und dass wir längst mit beiden Beinen im Vorgarten der Sterblichkeit stehen. Trotzdem kann man dort immer noch prima nackt in der Sonne liegen, die tollsten Feste feiern, herumknutschen, als gäb's kein Morgen mehr, sich gegenseitig die aktuellen Narben zeigen, die das Leben so schlägt. Viel lachen, manchmal weinen, gelegentlich jemanden zusammenfalten. Aus vielen prima Gründen und einfach so. Warum nicht? Auch das gehört eben zum Leben. Vor allem jetzt, in diesen schrecklich-schönen Jahren. Ansonsten halte ich mich an das, was Dorothy Parker mal gesagt hat: „Now I know the things I know, and I do the things I do, and if you do not like me so, to hell, my love, with you!" Mit diesem Reisegepäck sehe ich den nächsten 50 Jahren eigentlich ziemlich entspannt und ganz schön neugierig entgegen.

Happy End

Alles wird gut, wenn wir endlich nicht mehr alles richtig machen wollen.

ZUM LEBEN
HIER ENTLANG
1001 Abenteuer
Wir haben noch lange
nicht genug!
Jugend

Die Autorinnen

Susanne Fröhlich: Sie ist eine der bekanntesten Autorinnen Deutschlands. Legendär ihr Erfolg mit „Moppel-ich", mit dem sie zur Galionsfigur des ewigen Kampfes mit den Pfunden wurde. Mit „Der Hund, die Krähe, das Om… und ich" (Gräfe und Unzer Verlag) avancierte sie außerdem zur Yoga-Ermutigung auch für alle Frauen, die bislang dachten, der Sonnengruß sei exklusiv für Gazellen reserviert. Auch ihre Romane – zuletzt „Aufgebügelt" – wurden alle zu Bestsellern. Daneben moderiert die gebürtige Frankfurterin und Mutter einer Tochter und eines Sohnes die MDR-Kultsendung „Fröhlich lesen".

Constanze Kleis: Die erfolgreiche Journalistin und Autorin lebt mit ihrem Mann in Frankfurt. Wenn sie keine Bücher mit ihrer besten Freundin Susanne Fröhlich schreibt, arbeitet sie auch an Solo-Werken wie zuletzt „Sterben Sie bloß nicht im Sommer" (DuMont) und für Frauenmagazine wie Elle, Für Sie, Donna oder myself und für die Frankfurter Allgemeine Sonntagszeitung.

Impressum

Projektleitung: Regina Denk, Anna Cavelius
Lektorat: Daniela Weise
Layout & Umschlaggestaltung: Sabine Krohberger, ki 36 Editorial Design, München
Illustrationen: Uli Oesterle / www.oesterle-illustration.com
Herstellung: Markus Plötz
Satz: KONTRASTE – Graphische Produktion, Björn Fremgen
Reproduktion: Ludwig, Zell am See
Druck und Bindung: GGP Media GmbH, Pößneck

ISBN 978-3-8338-3415-8
2. Auflage 2014
www.graefeundunzerverlag.de

www.facebook.com/gu.verlag

Wichtiger Hinweis

Die Gedanken, Methoden und Anregungen in diesem Buch stellen die Meinung bzw. Erfahrung der Autorinnen dar. Sie wurden von ihnen nach bestem Wissen erstellt und mit größtmöglicher Sorgfalt geprüft. Sie bieten jedoch keinen Ersatz für persönlichen kompetenten medizinischen Rat. Jede Leserin, jeder Leser ist für das eigene Tun und Lassen auch weiterhin selbst verantwortlich. Weder Autorinnen noch Verlag können für eventuelle Nachteile oder Schäden, die aus den im Buch gegebenen praktischen Hinweisen resultieren, eine Haftung übernehmen.

GRÄFE UND UNZER

Ein Unternehmen der
GANSKE VERLAGSGRUPPE